AF587288

Edición: Primera en castellano. Septiembre de 2021
Lugar de edición: Barcelona, España / Buenos Aires, Argentina

ISBN: 978-84-18095-86-3
Depósito legal: M-18577-2021

Código Thema: MKJA [Autism & Asperger's Syndrome]
Código Bisac: FAM048000 [Autism Spectrum Disorders]
Código WGS: 579 [Humanities, art, music / Special education]

Título original: Mon Combat pour les Enfants Autistes

Cet ouvrage a bénéficié du soutien des Programmes d'aide à la publication de l'Institut français.
Esta obra cuenta con el apoyo de los Programas de ayuda a la publicación del Institut français.

Traducción: Nora Woscoboinik
Ilustración de cubiertas: Juan Augusto Laplacette
Armado y composición: Laura Bono

Sociedad Argentina de Primera Infancia - SAPI

Página web: www.sapi.org.ar
Mail administración: secretaria@sapi.org.ar

Dirección: Olazábal 2570. 6 A
(C1428AAL), Buenos Aires, Argentina.

Página web: www.minoydavila.com
Mail producción: produccion@minoydavila.com
Mail administración: info@minoydavila.com

Dirección: Miño y Dávila s.r.l.
Tacuarí 540. Tel. (+54 11) 4331-1565
(C1071AAL), Buenos Aires, Argentina.

Mi Combate por los Niños Autistas

BERNARD GOLSE

ÍNDICE

Prefacio a la edición argentina

Bernard Golse
23 de febrero de 2021

En primer lugar, me gustaría aprovechar esta oportunidad para expresar públicamente mi profunda gratitud y reconocimiento a Nora Woscoboinik-Scheimberg por la traducción de este libro.

Es desde hace muchos años, una gran amiga a la que admiro infinitamente y que se involucra con gran inteligencia en el trabajo con niños pequeños en sufrimiento psíquico, particularmente en la Sociedad Argentina de Primera Infancia, SAPI, filial argentina de la Asociación Mundial de Salud Mental Infantil (WAIMH).

Como psicóloga y psicoanalista, trabajó durante varios años en París dentro de la Asociación de Salud Mental del distrito 13 de París, una institución pionera y prestigiosa fundada, en particular, por Serge Lebovici, a quien personalmente debo tanto.

Conocí a Nora cuando realizaba, para mi formación, una observación de bebés según el método de Esther Bick bajo la dirección de Françoise Jardin, y desde entonces nunca nos hemos perdido de vista, gracias a múltiples encuentros en diversas ocasiones en Europa, Brasil o Argentina.

No dejo de alegrarme de esta fidelidad de los vínculos que es sin duda uno de los condimentos de la vida.

Desde la publicación de este libro en su versión francesa en 2013, ha corrido mucha agua bajo el puente... ¡como decimos en francés! Pero todavía hay muchos problemas que debemos afrontar.

Después de algunas consideraciones generales, quisiera en este prefacio insistir principalmente en tres líneas de pensamiento: la evolución de las clasificaciones internacionales como triste testigo de una regresión y de una confusión nosológicas en el campo de los trastornos autistas, la importancia del lugar de la psicoterapia sobre la que no podemos ceder dentro de los tratamientos multidimensionales, y finalmente la cuestión de la potencialidad autistica tal vez propia del viviente psíquico.

Algunas consideraciones generales

El autismo puede definirse como el fracaso más grave de los procesos de acceso a la intersubjetividad, es decir, a la diferenciación que permite al niño reconocer la existencia del otro.

Esta definición tiene el mérito de ser aceptable para todos los profesionales, independientemente de su horizonte teórico (neurobiológico, psiquiátrico, psicopatológico, cognitivo o psicoanalítico).

Sabemos hasta qué punto las teorías de B. Bettelheim, a menudo caricaturizadas, pueden haber culpabilizado a los padres que se sintieron acusados de ser la causa del autismo de sus hijos.

La historia es la que es y, por desgracia, no podemos retroceder en el tiempo, aunque sea para aclarar ciertos malentendidos.

Actualmente, ningún psicoanalista razonable piensa que esta patología, tan grave y dolorosa, pueda explicarse únicamente por causas relacionales.

Sabemos que el desarrollo del niño, al igual que sus trastornos, se juega en el exacto entrecruzamiento de factores internos (particularmente genéticos) y externos (entre los cuales está el encuentro con el trabajo psíquico del otro), de ahí la noción de un modelo polifactorial que ahora parece ser el más plausible y que, como tal, impone con toda naturalidad un enfoque multidimensional.

En esta perspectiva se están desarrollando apasionantes reflexiones en la interfaz de las neurociencias y el psicoanálisis, particularmente en el seno de la CIPPA*, de la que soy presidente y de la que existe ahora una rama latinoamericana muy activa.

Sin embargo, si algunos psicoanalistas fueron capaces, hace unas décadas, de mostrarse fanáticos de una causalidad puramente psicógena del autismo infantil, hoy son los partidarios de una causalidad puramente orgánica los que recogen la antorcha del fanatismo, en nombre de un pseudocientificismo que es, en realidad, un verdadero cientismo.

El asunto podría ser solo un debate entre especialistas, si nuestros dirigentes políticos no se inmiscuyeran imprudentemente.

Después de haber impuesto un cambio de terminología en los años noventa (el autismo salió entonces del campo de las enfermedades mentales para integrarse en el de la discapacidad), el Estado pretende hoy –en Francia pero no sólo allí– elegir el tipo de terapia a aplicar (en particular, el método conductual "Applied Behaviour Analysis" conocido como ABA).

Los invito a imaginar ¿qué pasaría si le dijeran a los cardiólogos que el infarto de miocardio debe cambiar de nombre y cuál es el tratamiento que debe prescribirse a los pacientes?

Prefiero dejar la pregunta abierta por el momento...

La evolución de las clasificaciones internacionales: ¿regresión o confusión nosológica?

El autismo se ha convertido en un trastorno del llamado "del neurodesarrollo", de naturaleza puramente endógena, y se encuentra incluido en el DSM-4** dentro de la clasificación de "Trastornos Generalizados del Desarrollo" (TGD), denominación que corresponde a una verdadera regresión en el pensamiento nosológico, ya que estas categorías deberían permitir normalmente definir entidades cada vez más precisas, homogéneas y específicas, mientras que los TGD agrupan, en bloque, las patologías autistas en sentido estricto (los TGD típicos), los TGD atípicos (el síndrome de Rett, las psicosis desintegrativas y el síndrome de Asperger) y los denominados TGD no especi-

* Coordinación Internacional de Psicoterapeutas Psicoanalistas y miembros asociados que se ocupan de Personas con Autismo.

** Manual diagnóstico y estadístico de los trastornos mentales-4.

ficados (entidad imprecisa y fundamentalmente acientífica en la que pueden incluirse las tres cuartas partes de las patologías psiquiátricas graves de la infancia y, en particular, las denominadas patologías límite).

El recién publicado DSM-5 difiere del DSM-4 en varios aspectos en lo que respecta a las patologías autistas:

- Su perspectiva metodológica ya no es categórica, sino principalmente dimensional.
- Los distintos TGD del DSM-4 pasan a llamarse "Trastornos del Espectro Autista" (TEA).
- En la actualidad, dos tipos de disfunciones son suficientes para hacer un diagnóstico de TEA: los trastornos de la comunicación y los intereses restringidos.
- El síndrome de Asperger deja de ser un TEA y representa un trastorno de la comunicación singular e individualizado.

Como resultado de esta extrema *confusión* nosológica, la frecuencia del autismo, que solía ser de un caso por cada 5.000 o 10.000 nacimientos, se diluye ahora en la de los TEA tal como se definen en el DSM-5[***] y se estima en 1 caso por cada 100, ¡o incluso más, en la población general!

Por supuesto, no ha habido ninguna epidemia autista, sino sólo un cabildeo (*lobbying*) frenético para hacer prevalecer el vago concepto de TEA, trastornos a los que el método ABA (no más validado que cualquier otro) sería susceptible de aplicarse sin distinción alguna...

Podemos ver el jugoso mercado que se avecina aquí...

Sin embargo, nuestros dirigentes tendrían que ocuparse de garantizar y sostener la calidad de nuestros continentes de acción (equipamiento suficiente en las distintas áreas de tratamiento) sin pretender dictar el contenido de las acciones, cuya evaluación cualitativa no es en absoluto su responsabilidad.

Me parece que lo que está en juego es el respeto a los niños y a la libertad de las familias.

*** Manual diagnóstico y estadístico de los trastornos mentales-5.

Los tratamientos multidimensionales: sobre lo que no podemos ceder

¡El todo-psicoanalítico ha fracasado, pero el pedagógico, el todo-educativo o el todo-reeducativo también fracasarán, y cualquier técnica que pretenda tener razones para reclamar o imponer el monopolio del tratamiento sería de hecho muy sospechosa!

La lógica de la hipótesis etiológica polifactorial nos obliga a ofrecer un tratamiento multidimensional lo mas precoz posible, para no privarnos de ninguna vía de acceso potencialmente eficaz.

Por supuesto, es importante respetar al máximo las trayectorias de las familias y, al mismo tiempo, defender firmemente que, en el marco de una integración escolar digna de ese nombre, se pueda llevar a cabo conjuntamente una acción en los tres niveles: el pedagógico (siempre), el reeducativo (lo antes posible) y el psicoterapéutico (siempre que sea necesario, es decir, muy a menudo).

Cualquiera sea el método utilizado, toda psicoterapia de un niño autista tiene como objetivo hacerle sentir, como decía F. Tustin, que el otro existe y que no es amenazante, lo que en el fondo remite, a través de los afectos y las emociones, a la cuestión del acceso a la intersubjetividad, cuyo fracaso constituye el núcleo de la patología autista.

Ser autista da lugar, en ciertos momentos, a un sufrimiento psíquico extremo, y salir del autismo tampoco es fácil, porque el niño autista descubrirá entonces el mundo y los objetos que lo componen (objetos animados e inanimados), que pueden ser vivenciados por él como objetos terroríficos.

Teniendo en cuenta el polémico contexto actual, el objetivo de este libro es poner en evidencia el innegable interés de las psicoterapias psicoanalíticas de niños autistas, tan denostadas en la actualidad y a las que, sin embargo, no podemos ni debemos renunciar.

El lector verá así la utilidad de la verbalización de los afectos, de la interpretación de las angustias más arcaicas, del dar sentido a ciertos comportamientos atípicos en el marco de las sesiones, y de la ayuda en la edificación del Yo corporal del niño.

Es importante ayudar al niño a experimentar su piel como un envoltorio corporal (E. Bick) suficientemente contenedor y limitante (lo que evoca G. Haag cuando dice que se trata de ayudar al niño a obtener una "sensación de entorno" distinta de la que le ofrece el caparazón autista), una envoltura cutánea que remite al concepto de "Yo-piel" de D. Anzieu.

Pero también es importante ayudar al niño a diferenciarse intracorporalmente, a vivir su cuerpo como suficientemente hermético (esfinterización de la imagen corporal), y finalmente a aceptar sustituir sus flujos sensoriales aprisionantes por flujos relacionales (D. Houzel).

Con un niño autista, no se trata de encontrar y señalar al culpable de sus dificultades (que, por otra parte, no existe), sino ayudarlo a estar en contacto con su propio mundo interno, a darle forma y sentido, y a superar los obstáculos emocionales que le son propios para favorecer el despliegue de su desarrollo cognitivo.

Todo esto solo es posible gracias a la formación del psicoanalista que, por su empatía, su experiencia de la transferencia y la contratransferencia, está particularmente capacitado para descifrar los mensajes que el niño le envía sin saberlo. Su formación le permite identificarse profundamente con las experiencias físicas y emocionales del niño autista para ayudarlo a construirse e individualizarse progresivamente, y todo ello demuestra la importancia de estos enfoques psicoterapéuticos para los niños autistas que, sin ninguna perspectiva causal, complementan eficazmente la gama de otras medidas de atención incluidas en un proyecto multidimensional obviamente indispensable.

La potencialidad autista del viviente psíquico

Si bien el DSM-5 da lugar a una regresión y a una confusión epistemológica muy perjudicial, su objetivo dimensional plantea, sin embargo, la cuestión muy interesante de una potencialidad autista que sería propia del viviente psíquico.

En efecto, sabemos hoy que el acceso a la intersubjetividad –y a la subjetivación que resulta de ella– es fruto de la sincronización de los diferentes flujos sensoriales procedentes del objeto, una articulación sensorial que permite experimentar al objeto en exterioridad en relación con uno mismo.

Por ello, suelo insistir en tres axiomas que me parecen esenciales:

- No hay acceso posible a la comunicación (general o lingüística) sin un acceso previo a la intersubjetividad.
- No hay acceso posible a la intersubjetividad sin una articulación de los diferentes flujos sensoriales procedentes del objeto (que puede concebirse tanto en términos de mantelamiento meltzeriano como en términos de co-modelización cognitiva).
- Por último, no es posible articular estos diferentes flujos sensoriales sin el establecimiento de ritmos suficientemente compatibles entre los mismos, ya sea que esta sincronización polisensorial se efectúe a nivel central (sustancia reticulada del tronco cerebral), a nivel periférico (esfínteres sensoriales) o a nivel interactivo.

Esto permite comprender que la construcción del objeto no es una conquista estable y definitiva del desarrollo, sino que, por el contrario, hay, a lo largo de la vida, un proceso permanente de construcción y deconstrucción del objeto.

Este proceso es tan rápido y fluido en el individuo "sano" que no obstaculiza su funcionamiento ni su desarrollo psíquico, mientras que en los niños autistas o en riesgo de serlo, la no sincronización o desincronización polisensorial puede obstaculizar más o menos gravemente el funcionamiento de los distintos sectores del crecimiento y la maduración psíquica (cognición, comunicación, psicomotricidad y socialización).

Pero, ¿dónde debemos situar el cursor entre lo normal y lo patológico?

Aquí es donde la estructura dimensional del DSM-5 resulta delicada pero potencialmente interesante.

Por mi parte, es en todo caso la ocasión de afirmar enérgicamente que la proclamación de una frecuencia del 1% o más de niños autistas es del orden de una broma siniestra, pero que la idea de que existe una potencialidad 100% autista en cualquier organismo psíquico vivo me parece por el contrario bastante plausible.

Estos son los comentarios introductorios de este libro, publicado en Francia hace unos años, pero que plantea cuestiones que me parecen todavía actuales.

Muchas gracias de nuevo a Nora Woscoboinik-Scheimberg por haber asumido esta ardua tarea de traducción, que permitirá al público argentino e hispanohablante conocer una serie de posiciones francesas que, afortunadamente, no soy el único en defender.

Habiendo trabajado durante mucho tiempo con varios países sudamericanos, tengo la sensación de que en Europa (y más concretamente en el sur de Europa) tenemos el mismo objetivo, el de articular los logros de la psicopatología y el psicoanálisis con los formidables avances de las neurociencias.

Solo esta actitud me parece hoy capaz de permitirnos seguir buscando el sentido de los trastornos psíquicos y, al hacerlo, garantizar a nuestros pacientes un estatus de dignidad debido a todo ser humano, ya sea que se encuentre en gran dificultad o en gran sufrimiento.

La biología por sí sola nunca podrá resumir la totalidad de lo vivo y, en el ámbito del autismo, esto es precisamente lo que este libro pretende atestiguar.

Este libro está dedicado a todos los niños autistas que conocí, que atendí y que me enseñaron tanto sobre la vida psíquica y sobre mi profesión. Agradezco también a los muchos padres de niños autistas que tuvieron la valentía y la honestidad de no juntar sus voces con aquellas que transmiten el odio, el menosprecio y el miedo.

Este libro está dedicado igualmente a todos los equipos profesionales que están con esos niños cada día, que comparten sus sufrimientos sin desalentarse y que sin embargo son actualmente fácil e injustamente atacados.

Por último quiero atestiguar mi profunda admiración por mi equipo increíblemente competente, entusiasta y creativo, y sobre todo a la Dra. Laurence Robel, maravillosa colaboradora, formada en el campo de las neurociencias y de la psicopatología y que dirige actualmente el departamento "autismo" del servicio de psiquiatría infanto-juvenil que dirijo en el Hospital Necker-Enfants Malades de París.

Prólogo

El autismo infantil fue declarado "gran causa nacional" en 2012, lo cual aparentemente es una buena noticia. En realidad, teniendo en cuenta la ausencia total de consenso en la comunidad científica nacional e internacional, sobre los orígenes de esta patología tan dolorosa, podemos preguntarnos si esta declaración circunstancial no ha finalmente obstaculizado al pensamiento, a la inteligencia, a la templanza y a la tolerancia mucho más que aportado beneficios reales y concretos a los niños concernidos. Es como si, a imagen de los niños autistas, corriéramos el peligro de estancarnos nosotros mismos en oposiciones radicales, en clivages costosos y dañinos. ¡El autismo aparentemente nos "autistiza" aunque no es contagioso! Esta es una de las primeras lecciones.

Los niños autistas tienen mucha dificultad a articular sus sensaciones en el seno de una polisensorialidad armoniosa. Esto es sin duda lo que obstaculiza fundamentalmente el acceso al reconocimiento del otro como un individuo distinto y separado de ellos. Por ejemplo, presentan una gran dificultad para acoplar sus diferentes sensaciones para conformar pares sensoriales contrastados; para ellos lo suave es radicalmente distinto de lo áspero, lo duro de lo blando, lo liso de lo arrugado, lo caliente de lo frío, lo convexo de lo cóncavo: para ellos estas experiencias son independientes. De alguna manera nosotros hacemos lo mismo cuando nos oponemos entre profesionales o incluso entre padres y profesionales; los partidarios de "lo duro" estarían del lado de las técnicas de aprendizaje y la reeducación mas forzadas, mientras que los partidarios de "lo blando" estarían del lado de las psicoterapias y las técnicas vinculares presentadas a menudo como "vagas". Esta oposición no tiene ningún sentido. Ya que como dijo J. Hochman "tratarse permite aprender, y aprender incontestablemente hace bien". Por eso defendemos a largo de todo el libro el interés de los tratamientos multidimensionales e integrados. Son los que permiten evitar el clivage entre las técnicas puramente comportamentales (aprender por aprender incluso sin comprender) y los enfoques para los que la emergencia del deseo precede indispensablemente todo aprendizaje, ¡en una atmósfera que nos recuerda el desierto de los tártaros de Dino Buzzati!

En realidad, esto tiene algún sentido, porque nos muestra la intensidad con la que la dinámica del funcionamiento autista se difunde a su alrededor, cómo acaba infiltrándose en los comportamientos de todos los que conviven o están cerca de los niños autistas (ya sean padres o profesionales), y cómo impregna nuestras formas de hacer y de pensar, e incluso nuestros diferentes modelos teóricos. Existe, pues, una "fuerza penetrante activa" de la dinámica autista (R. Roussillon, 2002) en el corazón mismo del entorno de los niños enfermos: esto es algo importante que el autismo ya nos ha enseñado, y a lo que debemos estar muy atentos.

*

El autismo nos enseña también algo sobre las raíces de lo humano y de la humanización, sobre todo cuando sabemos que un niño solo puede constituirse como un sujeto si (y solo si) la idea de sujeto le precede y le concierne. Los niños autistas, a menudo tan hermosos y armoniosos, confrontan a sus familiares con un sufrimiento indescriptible, el sufrimiento de no ser reconocidos en su existencia como seres humanos, como auténticos interlocutores de la relación. ¿Existe algo más terrible para un padre que no poder captar la mirada de su hijo, de no oírle jamás pronunciar «papá» o «mamá», de no saber nunca si está bien o si está mal? ¡Parece tan sencillo para los otros niños! ¿Cómo no culparse o sentirse culpable de algo? Los padres de niños autistas no necesitan a los psicoanalistas... para culparse a sí mismos de una manera totalmente irracional. A menudo tenemos que trabajar sobre ese sentimiento primario de culpa antes de poder establecer realmente una alianza con ellos; tenemos que hacerles comprender que nuestros modelos teóricos no los incriminan de ninguna manera, pero que, en cambio, no hay mejor tema que las dificultades del desarrollo del niño para alimentar este sentimiento de culpa que se anida tan profundamente en el corazón de la psiquis humana, y que a veces nos da la impresión (¿un poco megalomaníaca?) ¡que somos responsables de todo, lo que nos evita una vivencia de pasividad que refuerza aun más el sufrimiento!

*

El desarrollo saludable del niño se juega siempre en el exacto entrecruzamiento, en la interfaz, en la intersección de factores endógenos (es decir, la parte personal del sujeto, con su equipamiento genético, biológico, psicológico o cognitivo...) y factores exógenos (o sea el medio ambiente en sentido amplio, metabólico, alimenticio, ecológico... pero también con todos los efectos de encuentro relacional y los efectos de "a-posteri" que están asociados).

Me parece que este esquema se aplica también a los trastornos del desarrollo y, en particular, los del desarrollo psicológico y afectivo. Sin embargo, en la actualidad existe un consenso que nos quiere hacer creer que el desarrollo y los trastornos del desarrollo se inscriben en una lógica lineal que se encuentra en el término tan popular, actualmente, de «trastorno del neurodesarrollo». Este término no tiene nada de sorprendente en sí mismo, pero el riesgo es que muchos de los que se refieren a él lo entiendan como reenviando a una causa del autismo puramente orgánica o endógena (en particular, genética). Sin embargo, hoy sabemos con certeza que, si bien existen factores de riesgo endógenos innegables, es necesario que la patología se fije y se organice por efectos de encuentro con particularidades del medio ambiente en sentido amplio.

Creer que el concepto de desarrollo es un concepto simple es un error; querer hacerlo creer es una estafa intelectual, ya que siempre hay que tener en cuenta el sufrimiento psíquico en toda su complejidad. Esto también es algo que la patología autística nos enseña o nos lo recuerda.

*

Cuando asumí el cargo de jefe de servicio del Hospital de día para niños autistas muy pequeños que Michel Soulé fundó en 1972 en el Instituto de Puericultura de París, todos los equipos del sector de psiquiatría infantojuvenil del barrio 14 de París del que Michel Soulé era entonces responsable estaban preparando una gran fiesta. Cada equipo de este sector había preparado una escena o un sketch; el equipo del hospital de día que iba a dirigir de 1983 a 1993, había preparado una farandola veneciana en honor de Michel Soulé que adoraba las fiestas, Italia y el arte barroco. Esta farandola había sido pensada y planeada antes de mi asunsión, y grande fue mi sorpresa cuando, al final de esta maravillosa secuencia con candelabros, música de Vivaldi, humo y pancartas psicodélicas en nombre de LSD[1], oí al equipo cuyo destino iba a presidir durante casi diez años, exclamando: ¡«Viva el autismo, el autismo vencerá»!

Yo era todavía muy joven cuando llegué al distrito 14 de París con la ambición, ni más ni menos, de "erradicar" el autismo infantil al menos de esta parte de la ciudad. Escuchar esa frase me marcó profundamente y me intrigó durante mucho tiempo viniendo de un equipo formidable pero que, sin embargo, tenía como tarea primaria el cuidado de los niños autistas. Me ha llevado mucho tiempo comprender todo lo que estas palabras contenían, en realidad, de respeto hacia los niños autistas que tanto nos enseñan sobre los comienzos de la vida psíquica, sobre la necesidad de superar nuestra propia tendencia al clivaje y la importancia de respetar un mínimo de complejidad en nuestra visión del desarrollo humano.

---

1. En honor al Manual de Psiquiatría del Niño y del Adolescente que había sido escrito por L. Lebovici, S. Soulé y R. Diatkine...

*

Por todas estas razones, tengo la sensación de que el año de odio y agresividad que acabamos de vivir en Francia no beneficia a nadie. Absolutamente a nadie, y sobre todo ni a los niños autistas ni a sus padres*.

Realmente espero que esta gran ola de subjetividad irracional pueda ser superada pronto. Si esto se logra, entonces se lo deberemos a los propios niños autistas, y eso es lo que quiero transmitir en este libro. Quizás, pero solo entonces, podremos decir, sin ambigüedad alguna: ¡Viva el autismo, el autismo vencerá!

---

* N. de la T.: En 2012, en Francia, algunas asociaciones de padres y familias se lanzaron a la carga contra los psicoanalistas que trabajan con niños autistas y, paralelamente a este movimiento, diversas fuerzas mediáticas, políticas y comerciales empezaron a criticar de manera violenta el tratamiento psicoterapéutico de las personas autistas, la enseñanza del psicoanálisis en la universidad y la libertad de las familias para elegir el tratamiento para sus hijos. Estos ataques no son una novedad, pero ese año adquirieron una tonalidad particularmente violenta.

PRIMERA PARTE

"El encuentro con Vincent, un niño 'curado'"

Si la patología mental es del orden del espanto, el desarrollo normal es, lo olvidamos con demasiada frecuencia, del orden del... ¡Milagro! De hecho, todo bebé, una vez nacido físicamente, tiene que nacer también psíquicamente, y para ello tiene que poner en marcha toda una serie de mecanismos extremadamente complejos y delicados. Es notable observar que la gran mayoría de los niños logran hacerlo sin dificultad, mientras que los niños autistas se pierden en estas primeras etapas de crecimiento y maduración psíquicos.

Por eso me pareció útil empezar hablando de un niño en particular: Vincent, que fue capaz de poner en palabras –años más tarde y de forma muy conmovedora– los comienzos de su aventura autista, abriéndonos así a la comprensión de algunas vías de desarrollo que obviamente se encuentran obstaculizadas en el autismo infantil.

Capítulo 1
Una mañana con Vincent

¿Quién mejor que los propios niños autistas puede enseñarnos cómo es realmente la vivencia autista? Hay muchos testimonios de ex autistas adultos, y conocemos la riqueza del de Temple Grandin (1986), pero los testimonios de niños son más excepcionales. ¿Es realmente posible "curar" el autismo? La cuestión es más que delicada, pues ¿qué se entiende exactamente por el término "cura"? En todo caso, y volveremos a este tema más adelante, el futuro de los niños autistas ¡incluso en Francia! ha cambiado mucho en los últimos decenios, y algunos niños autistas, quizás sin normalizarse totalmente, acceden a la comunicación y al lenguaje, a una auténtica escolarización y a una relativa autonomía social y profesional, aunque conserven algunas «cicatrices» psíquicas de este período tan doloroso de su historia temprana. Quisiera relatar aquí el testimonio de este niño, Vincent, que conocí personalmente y que me hizo reflexionar mucho.

Los comienzos de la vida de Vincent

Conocí a Vincent cuando tenía un poco más de dos años, y presentaba un autismo típico, muy grave. Nunca fui su psicoterapeuta, pero como consultante de referencia, tuve la responsabilidad de coordinar el dispositivo de su tratamiento multidimensional que continuó durante muchos años, asociando primero la escolarización en preescolar con maestra integradora (AVS: auxiliar de la vida escolar), y luego en la escuela primaria con currícula adaptada en una clase de integración escolar (CLIS), un tratamiento fonoaudiológico, una psicoterapia individual y una orientación a padres basada en una muy buena alianza terapéutica con ellos.

No voy a detenerme en los detalles de su historia, que le pertenecen, pero lo que puedo atestiguar es que a lo largo de los años he visto a Vincent emerger de su burbuja autista, acceder poco a poco a la comunicación, a la simbolización y al lenguaje y convertirse –gracias a su energía propia y también gracias a todo el trabajo realizado por sus padres profundamente afectados por esta prueba existencial– en un niño muy vivaz y muy conmovedor por su atención al mundo que lo rodea.

Algunos niños como Vincent me han hecho pensar que el concepto de resiliencia, desarrollado por Boris Cyrulnik (2001) se puede aplicar aquí en la medida en que estos niños que han estado cerca de la muerte psíquica, no sólo han sobrevivido mentalmente a esta catástrofe, sino que parecen haber adquirido una riqueza y una sensibilidad particulares que tal vez no habrían podido establecer sin esta dolorosa travesía del desierto, y no sin el trabajo psíquico que sus padres tuvieron que realizar para intentar comprenderlos y ayudarlos a llegar hasta nosotros, de alguna manera. Algunos de ellos adquieren una mirada casi estética, artística y filosófica sobre su entorno, y nos impresionan por el sentimiento que nos dan de haber sido como iniciados a una especie de misterio –iniciación traumática que habrían tenido que asumir en cuanto a la cuestión de los orígenes de su vida psíquica–. Por supuesto, existe en nosotros una parte subjetiva que explica lo que sentimos en contacto con ellos, pero de todos modos, el episodio que quiero relatar aquí es muy reciente.

"Cuando nací, yo no estaba ahí"

Vincent tiene hoy un poco más de 11 años, y está en cuarto grado. De todo este largo proceso, conserva sobre todo una voz aguda, con un ritmo un poco lento y monótono (más adelante nos referiremos a estas características de la prosodia del lenguaje de los niños autistas), pero es extremadamente entrañable y sutil.

Un día, en una consulta trimestral de seguimiento de la evolución, lo recibo primero solo sin sus padres. Es un sábado por la mañana y el servicio está particularmente tranquilo. De repente, después de unos minutos de conversación, lo escucho decir, para mi gran sorpresa: «Te acordás, cuando yo era pequeño, tuve problemas». Este acceso a una cierta narratividad retrospectiva me conmueve infinitamente, y como no soy su terapeuta sino sólo su médico consultante, me autorizo a comunicarle mis sentimientos positivos hacia él. Le respondo entonces lo siguiente: «Por supuesto que me acuerdo, y pienso que es también por esas dificultades que te has convertido en el niño maravilloso que eres hoy». Esto parece conmoverlo, y lo veo absorberse en un movimiento reflexivo muy intenso. Entonces decido proseguir: «Pero con tus palabras de hoy, ¿cómo podrías intentar hablarme de tus dificultades de antaño?». Luego de un largo silencio durante el cual siento a Vincent como adentrado en sí mismo buscando una respuesta en lo más profundo de sí, y después de un tiempo de espera muy impresionante, le escucho decir esta frase absolutamente extraordinaria: "Cuando yo nací yo no estaba ahí".

¿Qué podemos pensar de esta formulación? Por supuesto, el acceso al lenguaje reescribe profundamente los recuerdos tempranos, y lejos de mí está la idea de que esa frase equivale a la narración directa de su experiencia. Pero, ¿no podemos pensar que esta posibilidad de poner en palabras su vivencia inicial, años después del encierro autístico, es uno de los elementos que han permitido su «cura» y de la cual son un testimonio? En todo caso, ¿cómo se puede expresar mejor la diferencia entre el nacimiento físico y el nacimiento psíquico?

Cuando nací, yo no estaba allí... La mayoría de los niños nacen al mismo tiempo tanto física como psíquicamente, mientras que los niños autistas pueden experimentar un desacoplamiento terriblemente angustiante de estos dos tipos de nacimiento. Le debo mucho a Vincent por enseñarme a considerar este posible desacoplamiento, y por eso este libro le está dedicado, así como también a todos los niños autistas que nos ayudan a comprender lo que sucede en las primeras etapas de vida y en las que, por desgracia, ellos quedan estancados a veces de forma duradera.

Capítulo 2

Los cuatro grandes "desafíos" del desarrollo de un bebé. Genética y Epigenética

Como todos los bebés, cuando Vincent nació tuvo que tomar su lugar en el mundo y, muy particularmente, en el mundo familiar que lo recibía y había deseado su nacimiento. Como todos los bebés, necesitaba vivir, construir su espacio de seguridad, existir poco a poco como persona y aprender a equilibrar los momentos de placer y displacer. Esto Vincent no pudo conseguirlo. La constelación familiar en el momento de su nacimiento estaba muy trastocada por una grave depresión materna y por los desplazamientos múltiples tanto en Francia como en el extranjero de un papá muy ocupado. Por supuesto, y seamos muy claros sobre este punto: ningún contexto familiar alcanza para provocar el autismo en un niño y esto lo veremos a lo largo de todo el libro; en cambio, por más doloroso que sea escucharlo y admitirlo, para los niños portadores de riesgos ciertas características familiares pueden dificultar los cuatro grandes "hitos" del desarrollo, esenciales para que un bebé pueda devenir una persona.

Devenir una persona. ¿Pero cómo?

Cuando el bebé sale del vientre de su madre, y después de un período prenatal en el que sus diferentes aparatos sensoriales se han ido estableciendo sucesivamente, aparecen necesariamente cuatro grandes "desafíos":

- *La construcción de la autoconservación*: es la que permite que se inicien las grandes funciones vitales del organismo sin las cuales el recién nacido no podría sobrevivir físicamente. Michel Soulé decía que era necesario que "el bebé opte por la vida".
- *La construcción del apego*: es lo que va a permitirle al bebé regular mejor la distancia espacial física justa con el otro para poder construir su espacio de seguridad –es toda la teoría del apego que J. Bowlby desarrolló–.
- *La construcción de la intersubjetividad*: es lo que va a permitirle al bebé regular mejor la distancia psíquica justa con el otro para poder sentirse existir como una persona (volveremos sobre este punto en el próximo capítulo).
- *La construcción de la regulación de las experiencias de placer y de displacer* (hasta ahora, el psicoanálisis es probablemente la disciplina que mejor ha hablado de este tema): es la que permite al niño regular de la manera más eficaz sus experiencias emocionales, llevándolo a buscar las experiencias de placer, a huir de las experiencias de displacer, a modificar su entorno para evitar el displacer, y a saber aplazar ciertas experiencias de placer para obtener, posteriormente, un placer aun mayor ("saber esperar").

La cuestión del impacto del entorno

La pregunta que queda por responder aquí es la de los aspectos genéticos y medioambientales de la puesta en marcha de estos cuatro grandes desafíos. De todos los mamíferos, el bebé humano es sin duda el más inmaduro al nacer. Freud lo señaló ya en 1926 en su libro *Inhibición, síntoma y angustia*, en el que señala que todo ocurre un poco como si, en la especie humana, el embarazo se encontrara, de alguna manera, amputado de un cuarto semestre.

En todo caso, un recién nacido humano, incluso nacido a término, no está totalmente "terminado", y es mucho más dependiente de su entorno que los bebés de otras especies mamíferas (se sabe, por ejemplo, que el potrillo sabe caminar desde el nacimiento, así como el pequeño becerro, por solo mencionar estos dos ejemplos tan conocidos). Este "inacabamiento" primero del ser humano (la neotenia) hace que el bebé humano sea muy frágil, vulnerable y dependiente del medio ambiente. Sin embargo, si esta característica ha sido seleccionada por la evolución darwiniana, es posible que tenga algunas ventajas. Entre ellas, podemos imaginar que este inacabamiento es fuente de diversidad. Detengámosnos por un momento en esta hipótesis.

Debido a la duración del embarazo relativamente breve (¿acortado?) de nuestra especie, el bebé humano es el único de todos los mamíferos que nace antes de que la construcción de su cerebro haya terminado. Por supuesto, ya hubo una primera fase muy activa de construcción cerebral y de sinapto-génesis[2] que le permite, como ya hemos dicho, implementar de manera secuencial sus diferentes aparatos sensoriales (primero el tacto, luego el olfato, luego el gusto, luego la audición y finalmente la visión), pero la segunda gran fase de la organización cerebral tendrá lugar después del nacimiento, y se extenderá incluso durante los tres o cuatro primeros años de vida.

En otras palabras, la mayor parte de la construcción del cerebro humano se realiza «al aire libre», después de la salida del bebé del cuerpo de la madre, a diferencia de los bebés de otras especies de mamíferos que nacen con un cerebro, por así decirlo, terminado y de entrada operativo de manera bastante autónoma. Esto tiene consecuencias. En efecto, no disponemos de muchos más genes que algunos animales bastante primitivos como la mosca, por ejemplo, ¡unos 35.000 genes! La gran diferencia entre la mosca y nosotros, seres humanos, es que la mosca no es más que el producto de sus 35.000 genes, mientras que nosotros somos el producto de nuestros 35.000 genes, pero también de lo que hoy llamamos epigénesis, es decir todos los mecanismos que gobiernan la expresión de nuestro genoma. Nuestro genoma es lo que es y, por ahora, antes de la era de las futuras terapias génicas, no podemos modificarlo. En cambio, nuestro entorno parece susceptible de influir en la expresión de nuestro genoma, es decir, activar o, por el contrario, inhibir la actividad de ciertos genes o partes

2. La sinapto-génesis es el establecimiento de sinapsis, es decir, de uniones entre las diferentes células nerviosas (neuronas) que componen nuestros circuitos cerebrales.

de nuestros cromosomas. Más allá del hecho de que los mecanismos íntimos de esta regulación puedan pasar en parte por procesos de metilación[3], y cuya exploración recién está empezando, es muy posible pensar que esta influencia de nuestro entorno sobre la expresión de nuestros genes es cuantitativamente más importante que la actividad de los mismos genes.

Se imponen entonces dos observaciones: por una parte, como la construcción del cerebro humano se termina de realizar en contacto con el entorno postnatal, la epigénesis cerebral hace que cada bebé humano organice su arquitectura cerebral de manera diferente y específica, ya que cada bebé nace en un entorno particular; y, por otra parte, cuando hablamos de «medio ambiente», es necesario entender este término en el sentido más amplio, sea biológico, alimentario, ecológico, sociocultural y relacional. La epigénesis cerebral, con su corolario obligado que es el de «plasticidad neuronal» (F. Ansermet y P. Magistretti, 2004), es la clave que nos permite empezar a comprender mejor el origen de la asombrosa diversidad que reina en el seno de la especie humana, sin duda mucho menos prisionera de su genoma que lo es la ameba o los organismos pauci-celulares, por ejemplo (F. Jacob, 1970).

El estudio de la epigénesis en general, y de la epigénesis cerebral en particular, abrirá sin ninguna duda, una nueva página de la biología humana, ya que al iluminarnos sobre los vínculos dialécticos que probablemente existen entre el genoma y el medio ambiente, o bien entre la naturaleza y la cultura, sin duda será capaz de mostrarnos hasta qué punto el desarrollo del ser humano, más que cualquier otro, se juega a la interfaz de los factores endógenos y los factores exógenos, lo que volveremos a ver al referirnos al modelo multifactorial del autismo (ver tercera parte, capítulo 3). Todo esto abre las puertas a la importante cuestión de la libertad del desarrollo que es, en parte, la nuestra.

---

3. Los radicales metílicos (CH3) actuarían como escondites para impedir o dificultar la actividad del *locus* al que están fijados.

Capítulo 3

¿Cómo logramos sentirnos una persona? Intersubjetividad y subjetivación

Sentirse una persona no se da desde el principio. Es un camino más o menos largo según cada niño. Es un trabajo de co-construcción que cada niño debe realizar con los adultos encargados de su crianza. Dicho esto, es fundamental que los adultos anticipen –ni poco ni demasiado– la persona que este niño será algún día si todo sale bien. Dicho de otra manera, el estatus de "sujeto" no eclosiona solamente desde adentro, sino que es el fruto del encuentro entre las potencialidades internas propias del niño y las representaciones que tienen los adultos del ser que ese niño devendrá.

Cuando nació, Vincent se encontró con unos padres que enseguida tuvieron una visión podríamos decir demasiado anticipada de su hijo y al que muy rápidamente le demandaron ser autónomo a causa de sus propias preocupaciones. Lo vuelvo a repetir aquí: el autismo de Vincent no se reduce a este dato que solo podemos tener en cuenta considerando los factores endógenos de vulnerabilidad –genéticos u otros– que él presentaba. Por ello, el encuentro con el entorno es muy importante y Vincent fue proyectado desde el vamos en un futuro lejano que no le dejó el tiempo suficiente para ser un bebé dependiente, lo cual es una necesidad temporaria fundamental.

El sí-mismo y el otro

El término "intersubjetividad" designa –¡sencillamente!– la experiencia profunda que nos hace sentir que uno mismo y el otro, son dos. Esto es fácil de enunciar y de representárselo, aunque los mecanismos íntimos que subyacen a este fenómeno sean probablemente muy complejos y todavía no totalmente comprendidos. Hoy en día, esta cuestión de la intersubjetividad es central y articula el debate entre los defensores de lo interpersonal y los de lo intrapsíquico.

Existe también actualmente otra discusión sobre la emergencia progresiva de la intersubjetividad o, por el contrario, una intersubjetividad dada desde el principio. Esquemáticamente podríamos decir que los especialistas europeos son más partidarios de la idea de una instauración gradual y necesariamente lenta de la intersubjetividad, mientras que los anglosajones son más partidarios de una intersubjetividad primaria, de alguna manera genéticamente programada (C. Trevarthen, 2003; D. Stern, 1989, por ejemplo). D. Stern insiste sobre todo en el hecho de que el recién nacido es inmediatamente apto para percibir, para representar, memorizar y vivenciarse como agente de sus propias acciones[4] y que, por eso, no es necesario recurrir al dogma de una indiferenciación psíquica primaria[5]. Por el contrario, los psicoanalistas –y no solo en Europa– insisten en una dinámica progresiva de un doble gradiente de diferenciación, extra e intrapsíquico. Esta valorización de la lentitud se basa, en particular, en la observación clínica de los niños que se estancan en los primeros tiempos de su desarrollo y se inscriben entonces en el campo de las patologías llamadas arcaicas (autismos y trastornos invasivos del desarrollo) aunque no se puede reducir el autismo a una simple interrupción del desarrollo.

Como siempre, en este tipo de polémica existe una tercera vía, que quisiera defender aquí. Esta tercera vía consiste en pensar que el acceso a la intersubjetividad no se juega en un

---

4. Este es el proceso de agentividad de los cognitivistas.

5. Dogma preciado por los psicoanalistas, cualesquiera que sean sus referencias teóricas, o casi, y que demanda inevitablemente un cierto punto de vista fenomenológico.

todo o nada, sino que, por el contrario, se da de manera dinámica entre momentos de intersubjetividad primaria efectivamente posibles desde el principio, pero fugaces, y probables momentos de indiferenciación; y la cuestion para el bebé es que pueda estabilizar progresivamente estos primeros momentos de intersubjetividad haciéndolos permanecer de manera más estable y continua que los momentos de indiferenciación primitiva. La descripción del amamantamiento realizada por D. Meltzer (1980) como momentos de "atracción consensual máxima" evoca estos procesos: durante el amamantamiento el bebé tiene transitoriamente la sensación de que las diferentes percepciones sensitivo sensoriales provenientes de la madre (su olor, su imagen visual, el gusto de la leche, su calor, su cualidad táctil, su *handling*) no son independientes las unas de las otras. O sea que no están clivados estos elementos o "desmantelados" según las diferentes líneas de su sensorialidad personal sino, por el contrario, están "mantelados" temporariamente durante el momento de la lactancia. En esas condiciones, un bebé podría tener acceso a una vivencia puntual de un esbozo de la existencia de un otro al exterior de él, un verdadero "preobjeto"[6] que confirmaría la existencia de un tiempo de intersubjetividad primaria.

Efectivamente la percepción polisensorial del objeto es la condición *sine qua non* para poder percibir al objeto –el otro– como exterior a sí mismo. De amamantamiento en amamantamiento el bebé va a trabajar esta oscilación entre mantelamiento y desmantelamiento para finalmente lograr hacer prevalecer el mantelamiento y por ende el acceso a una intersubjetividad estable.

En esta concepción de un gradiente dinámico y progresivo entre indiferenciación primitiva e intersubjetividad, vemos cómo ese movimiento es posible gracias a la existencia de un núcleo de intersubjetividad primaria existente en cada niño y por ende también en los niños autistas[7]. El acceso a la intersubjetividad

6. El término "objeto" se utiliza aquí para designar la representación mental del otro.

7. Tal vez se trate de las partes no autistas que A. Álvarez (1992) describe en los niños autistas, por muy autistas que sean, y que podríamos, por analogía con los "islotes autistas" descritos por S. Klein y F. Tustin en sujetos neuróticos, denominar "islotes no autistas" de los sujetos autistas.

correspondería entonces a un movimiento de convergencia y de conflunencia progresivos de esos núcleos de intersubjetividad primaria.

Los trabajos de B.Golse y R. Roussillon (2010)[8] van en este sentido indicando que el primer otro solo puede ser otro especular, o sea en espejo del niño, otro suficientemente parecido, pero un poquito diferente de sí (G. Haag, 1985). Las cáracterísticas de ese primer otro invitan a representarse el acceso a la intersubjetividad como un proceso de separación lento, pero precozmente intercalado por momentos de diferenciación accesibles dentro de las interacciones. Yo agregaría que a mi modo de entender, una vez adquirida la intersubjetividad no es un hecho definitivamente estable. Es una conquista que hay que preservarla a lo largo de toda la vida y que hay que incluso ponerla en juego en ciertas circunstancias como el amor, el compartir emociones (estéticas sobre todo), las experiencias grupales y, por último, pero no menos importante, el pensamiento de la muerte.

En todo caso, ya sea que la intersubjetividad sea solo secundaria o gradualmente adquirida a partir de núcleos de intersubjetividad primaria, esta dinámica de diferenciación extrapsíquica lleva en sí el riesgo de una cierta violencia en la medida en que puede hacerse siempre de manera demasiado rápida o demasiado brutal, es decir, de manera traumática. Podemos también preguntarnos si no hay violencia "a mínima"[9], incluso cuando esta dinámica se da de manera esperable[10]. En resumen, el

---

8. Sabemos que R. Roussillon (B. Golse y R. Roussillon, 2010) integra profundamente en su reflexión los trabajos de D. Winnicott (1975) sobre la "transicionalidad" y los de M. Milner (1976, 1990) sobre las características de "separabilidad" del objeto, perspectivas que no excluyen en absoluto la tercera vía aquí presentada.

9. G. Haag nos invita a considerar esta violencia cuando evoca el fenómeno de "desmutización por vocalización exclusiva" de ciertos autistas que buscan patéticamente entrar en un lenguaje que no sea sinónimo de desgarro intersubjetivo.

10. Lo que autores como J.-B. Pontalis (1986) y J. Kristeva (1987) han mostrado claramente sobre la génesis del lenguaje, uno en referencia a la separación y el otro al duelo del objeto primario; lo que N. Abraham y M. Torok (1972) han señalado también al hablar del "paso de una boca vacía de pecho a una boca llena de palabras"; lo que J. M. Quinodoz (1991) también señala cuando diferencia las "angustias de diferenciación" de las angustias de separación propiamente dichas.

acceso a la intersubjetividad condiciona la posibilidad de acceso al lenguaje, y por lo tanto, una cierta forma de violencia sería inherente al desarrollo mismo del lenguaje, lo que probablemente esté relacionado con los trastornos del lenguaje que presentan, tan a menudo, los niños autistas.

La noción de brecha intersubjetiva

En el marco de este doble movimiento de diferenciación inter e intrasubjetivo que permite el crecimiento y la maduración psíquica del niño, así como su acceso progresivo a la intersubjetividad, la instauración de una brecha intersubjetiva es la que, poco a poco, confiere al niño el sentimiento de ser un individuo entero, no incluido en el otro, no fusionado con él. Evidentemente, esta condición previa es indispensable para poder pensar en el otro y dirigirse a él, y es este prerrequisito el que falta tan gravemente en los niños autistas.

El establecimiento de lazos preverbales

Al mismo tiempo que se profundiza la brecha intersubjetiva, el niño y los adultos que se ocupan de él deben ineludiblemente establecer lazos preverbales que permitan al niño permanecer en relación con el (o los) objeto(s) de los que se diferencia. Algunos niños autistas fracasan en la ampliación de la brecha intersubjetiva: para ellos, el objeto sigue siendo, en cierto modo, una cuestión irrelevante (autismo típico); otros, o incluso los mismos niños pero después de un cierto tiempo de evolución, son capaces de tener en cuenta esta diferencia intersubjetiva, pero no tejen ningún vínculo preverbal, lo que los confina a una gran soledad, al otro lado de la orilla de la distancia intersubjetiva, de alguna manera (ver página 41).

La metáfora de la araña

Cuando la araña quiere descender del techo al suelo, no se tira sino que teje lazos gracias a los cuales, despacito, ella baja del techo hacia el suelo. De este modo, una vez en el suelo, está separada del techo que acaba de dejar, pero permanece conectada a él de manera tal que, si quiere subir, podrá hacerlo utilizando los hilos que ella misma acaba de secretar. Esta metáfora nos parece ilustrar los procesos que quiero describir con respecto al camino del niño hacia el lenguaje verbal.

La psicología del desarrollo temprano, la psicopatología y la psiquiatría del bebé nos enseñaron que, entre los vínculos precoces que se establecen paralelamente al establecimiento de la intersubjetividad, nos encontramos hoy con los vínculos de apego (J. Bowlby, 1978, 1984), la entonación afectiva (D. N. Stern, 1989), la empatía, la imitación, las identificaciones proyectivas normales (W. R. Bion, 1962, 1963 y 1965), todos los fenómenos transicionales (D. W. Winnicott, 1975) e incluso el diálogo tónico-emocional descrito en su momento por H. Wallon (1945) y luego por J. de Ajuriaguerra (1970).

Todos estos mecanismos ponen en juego el funcionamiento de las ya famosas neuronas espejo (G. Rizzolatti, 2008). Estos diferentes lazos preverbales, funcionan como los hilos de la araña, permitiendo al niño diferenciarse sin perderse, es decir, distanciarse del otro permaneciendo en relación con él, separarse sin «desgarrarse», como dicen los adolescentes... Y es a esta condición expresa que el niño podrá avanzar hacia la palabra, reconociendo la existencia del otro y la suya como separadas, pero como no radicalmente clivadas.

El sentimiento de ser alguien

Evidentemente, lo que aquí se plantea es la cuestión del paso de lo interpersonal a lo intrapsíquico. Nos hemos acostumbrado a pensar, o a proclamar, que este pasaje sólo podría abordarse de manera asintótica y que nos quedaría para siempre en lo enigmático en cuanto a su naturaleza y sus mecanismos íntimos[11].

La subjetivación aparece de hecho como el fruto de una interiorización progresiva por parte del bebé de sus propias representaciones de las interacciones (en el área del apego o

11. Este hiato, imposible de llenar intrínsecamente, es la base de todas las polémicas entre los "attachmentists" (especialistas de lo interpersonal) y los psicoanalistas (especialistas de lo intrapsíquico).

del entonamiento afectivo), pero con una impregnación gradual de aquellas por la dinámica parental inconsciente, por toda la historia infantil de sus padres, por la conflictualidad de sus historias psicosexuales, por sus problemáticas inter y transgeneracionales y por todos los efectos a posteriori que inevitablemente se le atribuyen. Por otra parte, si la inter-subjetividad permite descubrir la existencia del otro como objeto (relacional), es la subjetivación la que permite percibir que el otro es también, por su parte, un sujeto que me percibe, a mí, como uno de sus objetos relacionales. Dicho de otro modo, el paso de la intersubjetividad a la intersubjetivación corresponde a un doble movimiento de interiorización de las representaciones de interacciones y de especularización. Podemos preguntarnos cómo y por qué la mayoría de los niños lo logran, pero eso es un hecho. Como ya he dicho, si la patología es fuente de espanto, lo normal tiene verdadero valor de... ¡milagro!

El autismo infantil aparece hoy, cualquiera que sea la innegable heterogeneidad de su campo, como el fracaso mayor del acceso a la intersubjetividad, como el máximo fracaso que es posible conceptualizar en este ámbito y, por lo tanto, como el obstáculo más grave que pueda existir en cuanto a la puesta en marcha de los procesos de subjetivación. Pero decir esto no basta. Este punto de vista abre, en realidad, dos pistas de reflexión: por una parte, la diferencia entre la instauración de la intersubjetividad y los mecanismos susceptibles de hacer soportable la brecha intersubjetiva que se crea y, por otra parte, la subjetivación pensada como un mosaico con fascetas múltiples.

El lugar del otro

Desde el punto de vista del acceso a la intersubjetividad, no todos los niños autistas son iguales. Algunos no tienen ninguna conciencia de la existencia del otro; como psicoanalistas, nos hacen vivir, en el plano contratransferencial, un verdadero sentimiento de evacuación y de no existencia. Estos son, probablemente, los autistas más profundos, los autistas en el sentido estructural del término, y que corresponden generalmente a la descripción *princeps* dada por L. Kanner (1942-1943). Sin duda estos niños no tienen ni siquiera acceso a la experiencia de la soledad porque, para sentirse solo, hay que saber o poder sentir que el otro nos falta...

Otros niños, en cambio, ya sea de entrada, ya sea cuando comienzan a salir de la situación precedente, dan a pensar que han integrado la presencia del otro como un individuo existente en tanto tal y distinto de ellos mismos, pero que no tienen todavía ningún medio para construir un puente sobre esta brecha intersubjetiva: por eso viven en una gran soledad. Estos niños no nos hacen sentir lo mismo que los otros antes mencionados, porque no (de) niegan nuestra existencia, pero sin embargo permanecen muy «lejos» de nosotros psíquicamente.

Esta distinción clínica fundamental invita a diferenciar la instauración propiamente dicha de la Intersubjetividad (creación de la brecha intersubjetiva) de los mecanismos capaces de compensar o de atenuar el dolor de esta brecha, mecanismos que se derivan como una consecuencia obligatoria. En efecto, una cosa es admitir la existencia del otro; otra es relacionarse con él. En general, durante el desarrollo temprano del niño, estos dos movimientos van de la mano y no son disociables. Es, una vez más, la psicopatología la que nos permite difractar los procesos, y afinar nuestra manera de pensar el desarrollo del niño[12].

El "yo" de la gramática y el "yo" de la persona

Comencemos por recordar que la subjetivación no puede reducirse en modo alguno a la adquisición del «yo». La subjetivación gramatical, por compleja y central que sea, no resume por sí sola la cuestión de la subjetivación, que se juega también en un plano fenomenológico, antropológico y psicoanalítico. Generalmente estos diferentes niveles de la subjetivación se construyen juntos y de manera íntimamente intrincada, lo que permite, clínicamente,

12. Añadiré a este respecto que cabe preguntarse, en la difícil discusión sobre las estructuras y los mecanismos autistas (véase p. 101), si las estructuras autistas no estarían del lado de una ausencia total de acceso a la intersubjetividad, mientras que los mecanismos autistas estarían más bien del lado de una intersubjetividad más o menos adquirida, pero sin un vínculo compensatorio y restaurador. La cuestión sigue abierta en la actualidad, pero tener en cuenta esta vivencia del terapeuta es absolutamente crucial.

decir que un niño que accede al «yo» es, en general, un niño cuya subjetivación global nos da tranquilidad.

Sin embargo, lo más frecuente no es obligatorio y hoy en día cabe preguntarse si la subjetivación gramatical y la subjetivación fenomenológica, por ejemplo, no pueden, en determinadas condiciones, conocer evoluciones y destinos diferentes. Ambas parecen estar en gran dificultad en la mayoría de los niños autistas, pero en aquellos con síndrome de Asperger, parece, por el contrario, que los diferentes tipos de subjetivación evolucionan de manera disociada en la medida en que parecen poder acceder a una subjetivación gramatical, aun cuando su subjetivación fenomenológica sigue siendo, sin duda, en gran parte dificultosa. Este es todo el trabajo que Vincent ha tenido que hacer a lo largo de los años, trabajo durante el cual adquirió una profundidad y sensibilidad psíquica asombrosas.

Capítulo 4

Cómo un bebé aprende a comunicar. Comunicación verbal y comunicación no verbal

Mientras el bebé sigue siendo *infans*, es decir, sin acceso a las palabras y al lenguaje verbal, su comunicación pasa esencialmente por el cuerpo y el comportamiento, que son los principales vectores de los mensajes que dirige a los otros. Vincent no escapó de esta regla. Sin embargo, para que un bebé entre en esta comunicación que condiciona y prepara el acceso a su futuro lenguaje verbal, también es necesario que viva en un entorno sensible a sus mensajes preverbales, es decir, a su primer modo de comunicación...

A lo largo de los años que recibí en consulta a Vincent y sus padres para seguir su evolución y coordinar sus tratamientos, juntos hemos podido reconstruir progresivamente la atmósfera en la que este niño había vivido los primeros años de su vida. Una vez más, la cuestión no era buscar o designar a un culpable, sino comprender, en ese niño vulnerable, el impacto que la atmósfera inicial había podido tener en la maduración de sus modos de comunicación.

Cuando Vincent tiene alrededor de 18 meses, su madre, aún bastante deprimida, da a luz a un segundo hijo, una niña, que la monopoliza mucho; el padre está poco presente y cuando está, se encuentra absorbido por el proyecto de la construcción de una casa y de la mudanza subsiguiente. La madre le habla poco, con un lenguaje bastante monótono, mientras que el padre pronuncia discursos de una racionalidad muy por encima de las posibilidades de comprensión de un niño pequeño. El lenguaje de los adultos pudo parecerle muy enigmático a Vincent y la comunicación difícil...

Comunicación analógica y comunicación digital

Empecemos con un recordatorio básico. Se ha vuelto clásico oponer los dos grandes registros de la comunicación, que son la comunicación llamada «analógica» (infraverbal o preverbal o prelingüística), por una parte, y la llamada «digital» (verbal o lingüística), por otra. Desde un cierto punto de vista, todo las separa, todo las opone. La comunicación analógica estaría basada sobre todo en el hemisferio cerebral menor (el derecho para los diestros), sería más de tipo sintético y transmitiría principalmente emociones o afectos, por medio de elementos no codificados (mímicas, posturas, gestos) en el sentidos de los signos saussurianos, pero mucho mas globales y de una estructura dinámica análoga a la del material a transmitir (de allí su nombre). La comunicación digital, por su parte, estaría basada en el hemisferio mayor (el izquierdo para los diestros), sería sobre todo de tipo analítico y transmitiría principalmente conceptos a través de elementos codificados, de tipo *dígitos* de información (de ahí su nombre). Dicho de otro modo, la comunicación analógica se referiría sobre todo a la transmisión no verbal de mensajes de tipo emocional o afectivo, a través de comportamientos no lingüísticos (mímicos, miradas, gestos...), mientras que la comunicación digital concierne sobre todo la transmisión verbal de mensajes de tipo conceptual o ideico, a través de elementos lingüísticos (palabras, frases, locuciones...).

Sin embargo, sería reduccionista querer hacer de la comunicación analógica un equivalente de la comunicación preverbal y de la comunicación digital un sinónimo de la comunicación verbal[13]. Las cosas son obviamente mucho más intrincadas. En efecto, existe una estrecha interrelación entre estos dos tipos de comunicación, y cada uno de ellos puede servir conjuntamente a

13. Del mismo modo, sería ilusorio pensar que la comunicación analógica está sólo del lado de la metonimia y la digital sólo del lado de la metáfora.

destinos metonímicos y metafóricos[14] y, sobre todo, si me atrevo a expresarme así, hay analógico en lo digital, es decir, hay una parte no verbal en lo verbal.

Esta última idea es esencial para comprender la entrada del *infants* en el orden del lenguaje. La cadena hablada se compone de un contenido y de un continente. La noción de contenido verbal remite a los elementos del enunciado (fonemas, monemas, sílabas, palabras o frases según el tipo de recorte que se adopta y que se materializa en los conceptos de léxico o de semántica); la noción de continente verbal remite a las reglas de la enunciación que organizan el enunciado (gramática o sintaxis) y también a lo que podríamos llamar la música del lenguaje (prosodia, timbre, tono e intensidad de la voz, ritmo, velocidad, silencios...).

La cadena hablada se compone de una parte segmentaria, o más bien segmentable, a saber, su enunciado lingüístico propiamente dicho, y de una parte no segmentaria, no segmentable o suprasegmentaria, a saber, su enunciación de tipo musical. Para ser más precisos, la parte segmentaria del lenguaje verbal transmite la parte informativa propiamente dicha del mensaje, es decir, la parte realmente conceptual del enunciado, mientras que la parte suprasegmentaria transporta probablemente la parte más emocional y afectiva de la misma, es decir, la expresión de las condiciones afectivas de su enunciación.

Pero volvamos al bebé y a la historia de Vincent. Un bebé, contrariamente a lo que F. Dolto (1987) y otros pudieron sostener en su tiempo, no entra en el lenguaje por la parte simbólica y digital, sino más bien por su parte afectiva y analógica. El bebé parece mucho más sensible, en primer lugar, a la música del lenguaje y de los sonidos (el que oye y los que produce) que al significado de los signos como tales[15].

Para entrar en el orden del lenguaje (y del simbolismo verbal), un bebé no necesita saber, sino experimentar y sentir profundamente que el lenguaje del otro lo toca y lo afecta, y que este otro

14. Esto remite al concepto de "oscilación metafórico-metonímica" de G. Rosolato (1978).

15. La integración del vínculo entre el significante y el significado es, sin duda, más el resultado del aprendizaje que de una especie de revelación trascendental inmediata.

se ve tocado y afectado por sus primeras emisiones vocales[16]. Desde esta perspectiva, podemos comprender el posible impacto de las depresiones maternas sobre la instauración y el desarrollo del lenguaje en el niño, en la medida en que estas depresiones afectan, a veces profundamente, las cualidades de la voz y de la música del lenguaje de la madre o de la persona que desempeña la función materna. ¿Es esto lo que pasó, entre otras cosas, en la historia de Vincent?

Si la voz de la madre no lo afecta y si las emisiones vocales del bebé no producen nada en la madre, demasiado sumergida en su movimiento depresivo, o en tal o cual otro movimiento psicopatológico, entonces, desde la perspectiva del bebé "¿Para qué hablar?".

La voz materna: una ópera para el bebé

En su bellísimo libro *L'Opéra ou le Cri de l'ange*, M. Poizat (1986) cita este pasaje de C. Lévi-Strauss:

> "Sin duda la música también habla, mas esto sólo puede ser en razón de su relación negativa con la lengua y porque separándose de ella, la música ha conservado en bajorrelieve la impronta de su estructura formal y de su función semiótica: no podría haber música sin lenguaje que le es preexistente y del cual continúa dependiendo, por así decirlo, como una pertenencia privativa. La música es *el lenguaje menos el sentido* (subrayado por mí); sin más, se comprende que el oyente, antes que nada un sujeto parlante, se sienta irresistiblemente empujado a suplir este sentido ausente, como el amputado que atribuye al miembro desaparecido las sensaciones que experimenta y que residen en el muñón".

Por supuesto, hoy, a la vista de todas las investigaciones relacionadas con la música, se podría criticar esta afirmación de Lévi-Strauss según la cual la música remite al lenguaje despojado de

---

16. Por eso, en el ámbito del desarrollo temprano, la lingüística estructural saussuriana nos resulta sin duda menos útil que una lingüística pragmática más dinámica y subjetivante (J.L. Austin, 1970; J.-S. Bruner, 1983, 1987), porque me parece que en este ámbito necesitamos más una lingüística de la enunciación que una lingüística del enunciado, siguiendo el ejemplo de U. Eco, que centra su mirada más en las condiciones dinámicas de la producción de signos que en la organización estática de los mismos.

su dimensión de su significación. Las cosas son probablemente mucho más complejas. Sin embargo, vemos bien lo que quiere decir, y toda la reflexión de M. Poizat consiste en apoyar la idea de que la ópera, en el fondo, remite a sus aficionados a la investidura precoz de la voz materna anterior a la ruptura entre música y significado, corte que, para el bebé, puede sin duda revestir una cierta dimensión de violencia forzada. Entonces, ¿el amor de la ópera como equivalente al amor de la voz materna? La idea es ciertamente seductora, pero con la condición de pensar en la madre de los comienzos, en aquella cuyo lenguaje nos toca incluso cuando la dimensión simbólica de sus palabras todavía se nos escapa. Personalmente, vería con gusto un argumento en apoyo de la tesis de M. Poizat en el artículo un poco más antiguo de G. Rosolato (1982), titulado: «El odio a la música». Aquí lo que se interroga es el odio a la música, y no el amor a la ópera, pero las conclusiones en cierto modo convergen: el odio a la música estaría sostenido por la dificultad de algunos sujetos para volver a conectarse con esta voz materna antes de la ruptura entre música y significado. Del amor al odio, lo sabemos, a menudo solo hay un paso... En todo caso, los vínculos entre la música y la voz están en el centro de estas dos reflexiones, y ya hemos visto cómo la voz forma parte de la música del lenguaje, es decir, sus elementos suprasegmentarios que tocan y afectan al bebé y por los cuales el bebé busca, muy pronto, tocar y afectar al adulto que lo cuida.

Ganarle al caos

Existen obviamente otros elementos que hacen de la ópera un arte en relación directa con nuestros ritmos más o menos arcaicos. Pensemos, por ejemplo, en esos momentos particulares en los que, a partir de un caos aparente de sonidos, emerge y se organiza –muy lenta y gradualmente– una frase cantada que, finalmente, sumerge y domina el caos, prevalece sobre el material sonoro inicialmente anárquico. ¿No hay aquí una figuración del movimiento mismo de la emergencia del lenguaje, que también tiene que desprenderse de una trama sonora percibida por el bebé como más o menos anárquica y aleatoria? ¿Y tanto más cuanto que el caos inicial no es más que aparente, como lo es quizás el conjunto de los sonidos (internos y externos) percibidos por el feto en el útero materno, y en particular al final del embarazo? Porque esos sonidos no son tan anárquicos como parece. Están hechos de sonidos internos del cuerpo materno, sonidos regulares (latidos cardíacos y aórticos...) o irregulares (ruidos digestivos, voz materna transmitida por los tejidos del cuerpo de la madre...), y sonidos externos, todos imprevisibles y entre los cuales, de nuevo, la voz materna, pero, esta vez, volviendo al feto desde fuera, cruzando el cuerpo de la madre y el líquido amniótico.

La voz materna es *interna y externa* a la vez, si es que el feto pudiera inscribir esta distinción[17]. Esa vivencia inicial de "ruido de fondo" continúa todavía un poco después del nacimiento; de allí toda la importancia para el bebé de la voz materna que se desprende y que él va a buscar extraer para identificar poco a poco el código profundo de la lengua, el código profundo de su lengua. Si recordamos que la voz materna refleja algo de su investimento por el niño (su existencia, su nacimiento, sus especificidades...), es evidente que el desarrollo temprano del lenguaje no puede ser concebido por fuera de la dinámica de las interacciones precoces y, sobre todo, de las interacciones fantasmáticas. Nunca insistiremos lo suficiente acerca de la violencia a la cual se encuentra quizás necesariamente confrontado el bebé cuando debe distinguir la musicalidad y la significación del discurso materno, no para disociarlos sino para articularlos a un nivel semántico superior. La historia de Vincent también nos enseña esto.

---

17. Recordemos aquí la interesante hipótesis de S. Maiello según la cual la imprevisibilidad de la voz materna (es decir, el "objeto sonoro") proporcionaría al bebé una especie de matriz prototípica de su posterior problemática de la dialéctica entre ausencia y presencia, y que como tal, participaría en la génesis del objeto mismo.

SEGUNDA PARTE

Autismo infantil: las grandes cuestiones que se debaten en la actualidad

Afortunadamente, los psiquiatras especializados y los padres de los niños están empezando a conocer cada vez mejor las diferentes formas clínicas o cuadros del autismo infantil. Sin embargo, una serie de ideas preconcebidas, por desgracia todavía muy difundidas, siguen perjudicando la calidad de los cuidados que es posible aportar. Quisiera referirme aquí a una serie de problemáticas que siguen siendo objeto de debate en Francia, y a veces de forma violenta.

Capítulo 1

¿Autismo(s) o trastorno(s) generalizado(s) del desarrollo? La vaga noción del espectro autista

El autismo, repitámoslo, puede definirse como el fracaso más grave de los procesos de acceso a la intersubjetividad, es decir, a la diferenciación que permite a un niño reconocer verdaderamente la existencia del otro. Esta definición tiene el mérito de ser aceptable para todos los profesionales, cualquiera sea su horizonte teórico –neurobiológico, psiquiátrico, psicopatológico, cognitivo o psicoanalítico–.

Actualmente, una de las hipótesis más fuertes es que el niño autista no logra establecer una polisensorialidad sincrónica, que no logra articular, co-modelar los diferentes flujos sensoriales provenientes de un objeto, animado o inanimado, y que, como resultado, no logra percibirlo como algo externo a sí mismo (ver p. 37). De ahí el interés de las anomalías del lóbulo temporal superior que se han descubierto, ya que es en esta zona cerebral donde se recibe, descodifica y vincula la información sensorial sobre las expresiones faciales del otro, los movimientos del cuerpo y la musicalidad de la voz (véase la página 91). Por consiguiente, las anomalías del lóbulo temporal superior podrían ser ambas, y según el caso, causa o consecuencia del funcionamiento autista.

El diagnóstico de "trastorno del espectro autista" (TEA) está sustituyendo ahora gradualmente al diagnóstico de "autismo" o "trastorno generalizado del desarrollo" (TGD), haciendo hincapié en la especificidad de los trastornos del desarrollo social y la amplia variabilidad de los síntomas individuales. Los trastornos del espectro autista son trastornos del desarrollo caracterizados por una interacción social y una comunicación anormales, con comportamientos restringidos y repetitivos. Este grupo incluye el diagnóstico más específico del autismo infantil, actualmente rebautizado como "trastorno autista".

El autismo en las grandes clasificaciones

Las grandes clasificaciones internacionales (principalmente el DSM-IV[18] y el CIE-10[19]) presentan, como sabemos, una serie de correlación de signos destinados en particular a permitir a los investigadores establecer grupos de pacientes análogos (lo que no significa homogéneos, como se cree con demasiada frecuencia), pero en ningún caso este enfoque, por muy útil que sea, permite definir enfermedades o afecciones en el sentido médico habitual de estos términos. La noción de consenso es, de hecho, extremadamente evolutiva a lo largo del tiempo –de ahí la necesidad de una revisión periódica de estas clasificaciones–. Sobre todo, no podemos pasar por alto la incapacidad inherente y fundamental de este enfoque para delimitar situaciones patológicas que, *a priori*, podría decirse que se refieren a la misma etiología o a la misma fisiopatología.

La *Clasificación Francesa de los Trastornos Mentales de los Niños y los Adolescentes (CFTMEA)* tiene sin duda una ambición más estructural que sintomática, lo que la distingue fundamentalmente de las otras dos clasificaciones antes mencionadas, pero su utilización no se ha generalizado a nivel internacional y, por otra parte, al igual que las otras dos, en el ámbito del autismo infantil, solo consigue delimitar grupos de pacientes que en realidad son bastante heterogéneos.

Se pueden agrupar muchos pacientes muy diferentes si solo se utilizan como criterios de clasificación el retraimiento, las estereotipias y los trastornos del lenguaje. Sobre la base de esa

---

18. *Diagnostic and Statistical Manual of Mental Disorders*, 4e édition.
19. *Clasificación Internacional de Enfermedades*, 10ª edición.

correlación semiológica, hablar de "síndrome autista"[20] es ciertamente cauteloso, pero puede ser engañoso, ya que ni siquiera sabemos si los pacientes actualmente agrupados bajo el término "trastornos generalizados del desarrollo" (TGD) expresan situaciones clínicas verdaderamente comparables.

El autismo, tal como se define actualmente, no es una situación clínica verdaderamente precisa o, en todo caso, no corresponde todavía a una situación clínica suficientemente precisa.

La colaboración con psicopatólogos y psicoanalistas es ciertamente prometedora en este sentido, ya que la identificación de mecanismos de defensa diferentes en distintos casos podrá, por ejemplo, ayudarnos a desmembrar progresivamente la categoría "autismo infantil precoz" para identificar gradualmente subgrupos diferenciados sobre los que podrán realizarse luego investigaciones biológicas en términos totalmente nuevos y probablemente mucho más eficaces. La cooperación entre neurobiólogos, psiquiatras infantiles, psicólogos y psicoanalistas es indispensable, y este punto merece ser subrayado.

Todo esto obviamente se relaciona con el hecho de que el modelo médico clásico no es suficiente para dar cuenta de los trastornos mentales de los niños, pero el modelo polifactorial todavía comporta muchas incógnitas.

Los tres grandes criterios actuales del autismo

Los padres suelen ver los primeros signos de autismo en los dos primeros años de vida de su hijo, pero esto no significa forzosamente que consulten inmediatamente. Los diferentes signos suelen instalarse gradualmente (autismo primario o progrediente). No obstante, algunos niños se desarrollan normalmente y pueden repentinamente sufrir una regresión, lo que pudo haber llevado a hablar de autismo secundario o regrediente. Los signos y síntomas considerados de naturaleza autista han evolucionado constantemente, desde los criterios establecidos por el psiquia-

20. El concepto de síndrome autista no designa una categoría diagnóstica, sino que sólo indica que un mismo cuadro clínico puede ser resultado de diferentes causas.

tra L. Kanner (1942-1943), hasta la consideración de una cierta continuidad en el seno de los trastornos del espectro autista.

Los criterios de referencia actuales son los de las principales clasificaciones internacionales (CIE-10 y DSM-IV) y la *Clasificación Francesa de los Trastornos Mentales de los Niños y los Adolescentes* (CFTMEA); todos ellos se refieren a la siguiente tríada:

- Trastornos cualitativos de la comunicación verbal y no verbal.
- Alteraciones cualitativas en las interacciones sociales recíprocas.
- Comportamiento marcado por actividades e intereses restringidos, estereotipados y repetitivos.

Estos tres criterios podrían reducirse a dos si el criterio de comunicación se fusiona con el de socialización. La evaluación se basaría entonces en dos ejes continuos y distintos: uno social y otro comportamental.

Las diferentes formas de autismo

El uso de clasificaciones permite categorizar las diversas formas de autismo así como diferenciarlas de otros trastornos. Sin embargo, cualquier clasificación, como un mapa en relación con el territorio, es básicamente un intento de representar la realidad y no corresponde a la realidad misma. Como dije, actualmente coexisten en Francia tres tipos principales de representación: el CIE-10 internacional, el DSM-IV americano y el CFTMEA francés. Los dos primeros coinciden bastante y establecen criterios que pretenden ser objetivos, mientras que el tercero comporta una dimensión estructural y considera que estos diagnósticos son fundamentalmente evolutivos.

En el autismo, las clasificaciones internacionales distinguen principalmente entre:

- el autismo infantil –como diagnóstico clínico– también llamado "trastorno autista" por el DSM-IV o, a veces, incluso "autismo de Kanner" en referencia a los primeros criterios clínicos establecidos por este último ya en 1943;

- el síndrome de Asperger[21], con marcados retrasos en el desarrollo, pero con "islas" de habilidades que pueden impresionar enormemente y a veces llevan al éxito profesional en matemáticas, física, informática;
- el autismo no especificado, cuando ninguna de las categorías de diagnóstico anteriores es apropiada, pero se aplican los tres puntos de referencia del autismo.

¿Por qué hablamos de "trastorno generalizado del desarrollo"[22]?

Según el DSM-IV, la expresión "trastorno generalizado del desarrollo" se refiere a un grupo de trastornos del desarrollo que tienen en común ciertas características esenciales: la alteración de la comunicación verbal y no verbal, la dificultad en la interacción social y el carcater restringido y estereotipado del comportamiento.

El término "generalizado" está relativamente justificado, ya que los disfuncionamientos de tipo autista se infiltran en las diferentes áreas del funcionamiento del niño, a saber, el lenguaje, la comunicación, la sociabilidad y, a menudo, la cognición. En cambio, es difícil entender por qué tiene tanto éxito, ya que la noción de "generalizado" tiene algo un poco angustioso y sombrío... Sin duda, está menos cargado de historia que el "autismo", y este punto debe ser respetado hoy en día (ver p. 67 y siguientes).

Estos trastornos del desarrollo incluyen el autismo, el síndrome de Asperger, el síndrome de Rett, el trastorno desintegrativo de la infancia y el trastorno generalizado del desarrollo conocido como "no específico":

- *El autismo es la forma más conocida de TGD* que afecta la capacidad de un niño/adolescente para comunicarse, construir relaciones con otros y responder apropiadamente a los

---

21. Lleva el nombre del pediatra austríaco Hans Asperger, que presentó las "psicopatías autistas" en 1943, el mismo año en que L. Kanner describió el "autismo infantil".
22. Traducción del término inglés Pervasive Developmental Disorders (PDD).

estímulos del ambiente. Algunos individuos con autismo son capaces de una adaptación satisfactoria –con la producción del habla y la inteligencia preservadas– mientras que otros manifiestan retraso mental o incluso nunca adquieren el habla.

- *Los individuos con el Síndrome de Asperger*, a diferencia de los que tienen autismo, no presentaron ningún retraso en el desarrollo del lenguaje. Sin embargo, experimentan graves impedimentos en sus relaciones con los demás, así como peculiaridades en la forma de expresarse. A menudo tienen preocupaciones específicas y repetitivas que se centran en un solo tema u objeto.
- *El síndrome de Rett es una enfermedad neurológica* compleja que afecta principalmente a las niñas, aunque se han detectado algunos casos de niños. Se trata de un síndrome de origen genético, que representa una de las causas más conocidas de discapacidad intelectual y física que afecta a poco más de 1 de cada 10.000 niñas. Los individuos con síndrome de Rett se desarrollan normalmente hasta la edad de 6-18 meses y luego retroceden. Esta regresión va seguida de una ralentización del desarrollo general, de ataxia (pérdida de equilibrio de origen neurológico) y de la pérdida de movimientos voluntarios de la mano, seguida de la aparición de estereotipias en la línea media del cuerpo. En 1999 se descubrió un gen asociado al síndrome de Rett (mutación del gen MECP2).
- *Los niños con trastorno desintegrativo de la infancia* normalmente se desarrollan durante un período relativamente largo (por lo general de 2 a 4 años) antes de mostrar síntomas autistas, como la pérdida del lenguaje, la pérdida de interés en el entorno social o la pérdida del control de esfínteres.
- *El trastorno generalizado del resarrollo no específico* se suele atribuir a los niños que muestran algunos signos de autismo, pero que no cumplen todos los criterios específicos de otros trastornos del desarrollo.

Estos cinco componentes de los "trastornos generalizados del desarrollo" –Autismo, Trastorno de Asperger, Síndrome de Rett, Trastorno de desintegración infantil y Trastorno generalizado del desarrollo (TGD)– se denominan a veces trastornos autistas o trastornos del espectro autista (TEA), que es una fuente de confusión a la que volveremos más adelante (véase la página 83).

Independientemente del diagnóstico, todos estos niños requieren servicios de apoyo especializados para maximizar su desarrollo y su potencial a lo largo de sus vidas.

Por una visión global del autismo

Al final de este recorrido, es fácil comprender que si bien las clasificaciones internacionales son un instrumento necesario, incluso indispensable, para la buena comunicación entre los especialistas de cualquier país y cualquier disciplina, están lejos de aclarar plenamente la cuestión de este complejo campo del autismo –e incluso a veces lo complican, en particular al introducir la obligación de establecer, entre los diferentes sistemas de clasificación, correlaciones a menudo parciales y siempre delicadas–.

El término "trastorno del neurodesarrollo" también se utiliza a menudo para describir la naturaleza íntima de los trastornos generalizados del desarrollo. Aunque este término no es en sí mismo chocante, ya que el autismo muy probablemente implica anomalías en la función cerebral y afecta profundamente al proceso de desarrollo de los niños, es altamente reductor, pues las dificultades no son obviamente sólo neurológicas y, sobre todo, porque se utiliza a veces de manera engañosa como equivalente a trastorno endógeno. Esto puede reavivar subrepticiamente el viejo y estéril conflicto entre los partidarios de la organogénesis pura y los de la psicogénesis estricta. Debemos ser muy cuidadosos con las palabras y su uso para no caer en clivajes inútiles. El clivaje entre el cuerpo y la psiquis es aquí, obviamente, nuestro enemigo público número 1.

Capítulo 2

¿Hay una epidemia de autismo? La discusión sobre la frecuencia

Hoy estamos frente a una deriva terminológica que distorsiona el debate sobre la supuesta frecuencia del autismo. Como dije en el capítulo anterior, el término "autismo" fue sustituido primero por "Trastornos Generalizados del Desarrollo" (TGD) y ahora se nos dice que pensemos en términos de TEA (Trastornos del Espectro Autista), que es el término general para los diversos tipos de trastornos generalizados del desarrollo:

- Los trastornos generalizados típicos (o el autismo de Kanner), que son extremadamente raros, lo cual es fundamental recordar.
- Trastornos generalizados del desarrollo atípicos, entre los que se incluyen el Síndrome de Rett, que no tiene por qué figurar en la lista de los TGD, el Síndrome de Asperger, quc nos preguntamos si existe realmente, y los diversos trastornos más o menos difusos llamados "desintegrativos".
- Por último, los trastornos generalizados del desarrollo no específicos, nombre que sorprende a varios padres que se preguntan por qué se necesita una batería tan complicada de evaluaciones y valoraciones para llegar a este llamado diagnóstico moderno de trastorno "no específico"[23]...

---

23. Los denominados TGD no específicos abarcan un campo enorme y muy heterogéneo de psicopatología no neurótica y no psicótica en el que tienen lugar las antiguas desarmonías evolutivas y las patologías límite de la infancia.

Así que, de hecho, si ponemos bajo la misma categoría los TGD típicos, los TGD atípicos y los TGD no específicos ¡el resultado es una frecuencia de 1 niño de cada 100 o 150 en las sociedades occidentales donde se han realizado estos estudios estadísticos! En Inglaterra, la cifra es incluso de 1 cada 64 niños, lo que contrasta con los 1 ó 2 casos por cada 10.000 niños descritos como autistas infantiles en la década de 1950. Entonces, ¿hay o ha habido una epidemia de autismo infantil?

Personalmente, no lo creo.

Hace unos diez años se publicaron algunos artículos sobre este tema, en particular el de E. Fombonne (2006), que planteó precisamente esta pregunta, al mismo tiempo que subrayaba la dificultad metodológica de plantear una amplificación de este tipo en un período de tiempo relativamente corto.

Si bien es cierto que no ha habido ninguna epidemia de autismo ni de TGD en los niños, existe, sin embargo, una denominación más amplia debido al DSM-IV y, sobre todo, al hecho de amalgamar los tres grupos principales que no tienen nada que ver entre sí, a saber, repitamos, TGD típicos, TGD atípicos y TGD no específicos.

Pensamos que el autismo, en sentido estricto, sigue siendo extremadamente raro. Tal vez haya muchos niños autistas que tratar, y probablemente no tengamos todos los medios para hacerlo todavía, pero a pesar de todo, es un profundo error tratar de mezclar estos diferentes tipos de patología. En los últimos veinte o treinta años, se ha avanzado en la diferenciación de las diversas formas de patología; actualmente asistimos a una regresión nosológica que consiste en querer volver a mezclar todo. Al hacerlo, ya no estamos en una perspectiva científica, estamos en una perspectiva de "*lobbyng*" porque obviamente, si afirmamos que tal o cual técnica pedagógica o educativa especial es válida para 1 niño de cada 100 o 1 niño de cada 150, podemos ver claramente lo que está en juego; son apuestas políticas o comerciales, pero de ninguna manera apuestas científicas o clínicas.

Por eso me opongo rotundamente a esta confusión entre los diferentes tipos de TGD, confusión que nos dificulta responder a la pregunta que tan a menudo se nos hace hoy en día: "¿Qué tipo de tratamiento es el adecuado para los niños autistas?". Normalmente la ciencia avanza hacia una mayor precisión de las categorías que identifica pero en este caso quieren hacernos fusionar diferentes categorías que, a mi parecer, tienen muy poco que ver entre sí. Si bien los clínicos han realizado una gran labor desde la descripción de Kanner de 1943 de los trastornos del espectro autista para distinguir las diferentes formas de organización autista en función del tipo de angustias arcaicas implicadas o del tipo de mecanismos de defensa utilizados contra ellas, el concepto de trastornos del espectro autista vuelve a desdibujar las líneas. ¿A quién puede beneficiar esta fechoría nosológica?

Capítulo 3
¿Una enfermedad o una discapacidad?

Esta pregunta causó mucho revuelo hace algunos años. Solo recordaré aquí que las palabras no son inocentes, y que siempre conllevan múltiples asociaciones de pensamientos. Por supuesto, nadie discute que el autismo infantil es una discapacidad existencial. Pero sucede que, al menos en francés, el término "discapacidad" remite más o menos implícitamente a la idea de una lesión neurológica y de un impedimento en el ejercicio de tal o cual función, impedimento que debe constatarse antes de intentar remediarlo mediante enfoques reeducativos o rehabilitadores, sin un objetivo curativo en sentido estricto, sino destinados únicamente a sortear o a paliar la dificultad en cuestión mediante la adquisición de estrategias compensatorias.

En nuestra opinión, esta idea no se corresponde con la dinámica del autismo infantil, que no solo afecta una función específica, sino que invade todos los sectores de la vida psíquica (emocional, cognitivo y social), que requiere una intervención antes de que el cuadro clínico esté completamente establecido y que exige un enfoque multidimensional, no solo reeducativo o pedagógico, sino también terapéutico en el pleno sentido del término.

Sin embargo, en 1995-1996, se nos pidió que no habláramos de autismo, sino de "trastornos generalizados del desarrollo". Y también que consideráramos que estos trastornos generalizados del desarrollo ya no formaban parte del campo de las enfermedades mentales, sino del campo de la discapacidad. ¡Solo a los psiquiatras se atreven a decirles algo semejante! Imaginemos que el Estado le diga a los cardiólogos que el infarto ya no se llama así y que les indiquen el tratamiento a realizar: todos los cardiólogos saldrían a la calle inmediatamente a protestar, ¡de eso estamos seguros!

Sin embargo, el Estado impuso este cambio de terminología[24], impuso una vinculación con el concepto de discapacidad y ya no con el de enfermedad mental y, hoy en día, ¡incluso pretende imponer sus recomendaciones de buenas prácticas en el ámbito del autismo infantil! Se trata de un verdadero problema de política sanitaria: ¿Debe el Estado dictarle a los psiquiatras el contenido de sus acciones, o está para darles una contención a sus acciones, lo que parece más deseable y que corresponde al objetivo primordial de los Centros de Recursos del Autismo (ver p. 143)?

Nadie puede dictarnos nuestras acciones por la sencilla razón de que son específicas para cada niño. Cada niño se inscribe en el "a posteriori" de otros tratamientos que hemos tenido que asumir, y no podemos funcionar con un niño autista utilizando un libro de recetas. En otras palabras, si queremos conservar algo de la vivacidad de nuestro encuentro con los niños autistas, debemos poder mantener cierta libertad en cuanto a las estrategias y elecciones terapéuticas. ¿Estamos avanzando actualmente en la dirección correcta?

---

24. Probablemente para reequilibrar de forma diferente la asignación de fondos públicos a favor del ámbito médico-social y en detrimento del ámbito sanitario.

Capítulo 4
Padres y profesionales frente al autismo: ¿cuál es la situación actual?

Brigitte Chamak (2008), bajo los auspicios de la Fondation de France, realizó un excelente trabajo sobre la historia de las relaciones entre padres y profesionales en torno a los niños autistas. Puso en evidencia la existencia de varios periodos sucesivos. Hubo un primer periodo, en los años 1950-1970 aproximadamente, durante el cual los padres se mostraron muy activos con los psicoanalistas y psiquiatras con el fin de fomentar la creación de una serie de instituciones, entre ellas algunos hospitales de día. Luego, en los años 1970 y 1980, hubo un movimiento muy antipsicoanalítico, muy anti-Bettelheim, en el que los padres se sentían culpados por los profesionales por el origen de las dificultades de sus hijos. No sé exactamente lo que pasó entonces, pero lo que sí sé es que todavía estamos pagando un precio muy alto por ello.

Actualmente nos encontramos en un tercer periodo en el que algunos padres –lo que estoy diciendo aquí, por supuesto, no se aplica a todos ellos– son hostiles no solo al psicoanálisis, sino a la psiquiatría infantil en su conjunto, considerando que no tiene nada que decir y nada que ofrecer a los niños autistas o a sus familias.

Por mi parte, me opongo a esta visión de las cosas. Comprendo muy bien que los padres de niños autistas estén más que conmovidos, que se sientan abrumados por el sufrimiento que sienten en su hijo. Pero no ayudamos al sufrimiento de la gente negándolo; solo lo aumentamos. Hoy en día, ciertas tendencias y movimientos sugieren que, en el fondo, ser autista es una forma de vida, una manera de estar en el mundo, como cualquier otra (ver p. 79 y ss.), no elegida deliberadamente, pero una manera particular de estar en el mundo entre otras posibles.

Hay que no haberse cruzado nunca con un niño autista, o no querer enfrentarse a la realidad para no darse cuenta de que un niño autista vive en un mundo muy angustiante. No continuamente, quizás no de forma permanente para cada niño, quizás no las veinticuatro horas del día, pero los niños autistas pasan por momentos absolutamente aterradores de angustia sin nombre, de angustia catastrófica, de agonías primitivas inimaginables para nosotros.

Para protegerse, el niño construye un caparazón autista, y para salir de él, necesita tener el valor de enfrentarse al mundo exterior, lo que provocará una cierta cantidad de sufrimiento ligada a la dinámica de la cura o la mejoría, y ya no al autismo propiamente dicho. Creo que si ignoramos esta dificultad, o si la banalizamos pensando que ser autista corresponde a una solución existencial como cualquier otra, no podemos ayudar a los niños autistas y, personalmente, creo que, en estas condiciones, no solo fracasaremos en su cuidado psíquico, sino también en su pedagogía, su educación y su reeducación. En la actualidad, varias asociaciones abogan por el todo educativo, pero, para mí, fundamentalmente, el "todo algo", sea lo que sea, es una muestra de una intolerancia y una escisión que no pueden ser terapéuticas para ningún niño autista (ver p. 131 y ss.).

Capítulo 5
¿Una nueva relación entre las familias y la medicina?

La medicina, como sabemos, ha mantenido durante mucho tiempo, y quizás todavía mantiene hoy en gran medida, una relación de poder con los pacientes -pensemos en el personaje del médico en el teatro de Molière, en la figura del "gran jefe" o en la del mandarín–. Sin embargo, las cosas están cambiando poco a poco, incluso en el campo del autismo, y esto es sin duda una buena noticia.

El acceso a una amplia gama de datos médicos y científicos es ahora posible para los pacientes y sus familias, y nadie puede deplorarlo. En lo que respecta al autismo infantil y a los trastornos generalizados del desarrollo, muchos padres de niños en riesgo o enfermos son actualmente ávidos consumidores de estas nuevas fuentes de información, y cuando nos reunimos con ellos, a veces saben más que nosotros sobre determinados avances científicos, biológicos o terapéuticos a través de los numerosos foros fácilmente accesibles en Internet.

Esto no es absolutamente específico del autismo infantil: esta inversión de la relación de conocimientos también se observa en el ámbito de muchas otras enfermedades, más o menos raras, que también dan lugar a la organización de diversos bancos de datos altamente especializados. Pero esta posible inversión de la relación de conocimiento, ¿debería tener como corolario una inversión de la relación de poder? Cualquier relación de poder es perjudicial, y lo importante es establecer una relación de confianza, una relación de iguales y una relación de competencias.

Los padres son, la mayoría de las veces, los mejores clínicos de su hijo, ya que conviven con él a diario, y poner en perspectiva sus observaciones con las de los profesionales puede ser muy fructífero para dar sentido a tal o cual comportamiento del niño o a tal o cual diferencia de conducta en función de sus diferentes entornos vitales, ya sea en su familia o en su lugar o lugares de tratamiento. Algunos padres esperan que los profesionales no lo sepan todo, sino que estén a su lado para compartir algo de las preguntas sobre su hijo, para intentar comprender con ellos. Hay una colaboración posible, con un valor potencial inestimable, pero que aún no se ha explotado lo suficiente. Sin embargo, ¿pueden los padres permitir o prohibir tal o cual investigación (sobre el "packing", por ejemplo)? Está claro que este es un punto de debate muy delicado. Los padres de niños autistas se enfrentan constantemente al dolor de su situación. No hay nada más terrible que vivir con un niño al que sientes tan cerca y tan lejos al mismo tiempo, y que evita la relación cada vez que intentas acercarte. Todo podría ser tan sencillo, y sin embargo todo es tan imposible...

En su famoso artículo "El niño que venía del frío", M. Soulé (1980) fue uno de los primeros en indicar que las características parentales que habían sido descritas eran mucho más a menudo –si no siempre– la consecuencia más que la causa, o una de las causas, de la patología autista del niño. Todos los profesionales tienen presente esta verdad. Pero los padres prefieren una investigación que no les recuerde directamente su propio sufrimiento psíquico y el de su hijo.

Asistimos entonces al desarrollo de muchos estudios sobre las capacidades cognitivas de los niños autistas llamados de "alto nivel", realizados por investigadores muy "especializados", pero que no tienen ningún contacto con las dificultades existenciales de los niños autistas más graves y que no tienen ninguna experiencia de lo que significa realmente atender a largo plazo a pacientes tan difíciles. Por muy importantes e interesantes que sean estos trabajos, no pueden resumir la inmensidad del trabajo que debemos realizar en el campo del autismo, y creo que solo los profesionales (clínicos o investigadores) están realmente en condiciones de establecer prioridades y tomar decisiones sobre los protocolos de investigación necesarios, protocolos que, por supuesto, deben ser objeto de una demanda oficial de autorización a los organismos de supervisión adecuados (comités de ética de los hospitales universitarios, Comité de Protección de las Personas, Comisión Nacional de Informática y Libertades...). Por supuesto, una vez concedidas estas autorizaciones, los padres son totalmente libres de aceptar o rechazar la inclusión de su hijo en el protocolo.

En esta atmósfera compleja es donde se desarrolló la triste historia del "packing" propuesto por algunos equipos a algunos niños autistas -y no sólo a ellos- confrontados a dificultades evolutivas muy particulares, muy graves y muy dolorosas: automutilaciones, episodios catatónicos (rigidez corporal más o menos generalizada), períodos de gran regresión con un sufrimiento psíquico insondable... Digámoslo claramente: el packing no es una técnica aplicable a todos los niños autistas, es un tipo de intervención que sólo se justifica cuando está en juego la "supervivencia psíquica" de los pacientes.

Pierre Delion, profesor de psiquiatría infanto-juvenil en el Hospital Universitario de Lille, ha explicado con precisión los fundamentos teóricos y clínicos de esta técnica a la que, evidentemente, no se puede limitar la ayuda a los niños autistas: en realidad solo se aplica a algunos niños con particularidades clínicas y evolutivas muy específicas y, afortunadamente, relativamente raras (automutilación, gran sufrimiento psíquico, pérdida total de contacto...).

En efecto, el "packing" es percibido como eficaz, útil y beneficioso por los clínicos que lo utilizan, por un cierto número de padres cuyo hijo se ha beneficiado de esta ayuda, y por algunos niños que esperan estas sesiones, o incluso las reclaman; sin embargo, es cierto que esta técnica, conocida desde hace mucho tiempo, nunca ha recibido una evaluación válida y controlada. La controversia estalló en el mismo momento en que el equipo de P. Delion había obtenido financiación para crear un Programa de Investigación Clínica Hospitalaria (PHRC) precisamente para llevar a cabo esta evaluación (este PHRC sólo fue autorizado luego de la aprobación de las autoridades oficiales en materia de ética y protección de las personas).

Es importante recordar aquí que ninguna de las ayudas ofrecidas a los niños autistas está actualmente validada, en el sentido metodológico preciso del término, ni siquiera el método ABA (Applied Behavior Analysis), cuyas validaciones, a menudo evocadas, son actualmente seriamente cuestionadas (V. Shea, 2009). Por otro lado, el impacto del enfoque psicoterapéutico para los niños autistas es, en este mismo momento, objeto de un protocolo de validación original –cuantitativo y cualitativo– que coordinamos G. Haag, yo mismo y otros colegas, en el marco de la red de Evaluación de las Prácticas Psicoterapéuticas (EPP) creada bajo los auspicios de la Federación Francesa de Psiquiatría (M. y J.- M. Thurin) y el Inserm (Pr. B. Falissard), pero este trabajo está todavía en curso.

Para decirlo más claramente, si utilizáramos estrictamente sólo dispositivos realmente validados para ayudar a los niños autistas, hoy estaríamos muy desprovistos. Sin embargo, algunas asociaciones de padres de niños autistas han pedido con mucha fuerza una moratoria de la técnica del "packing", que se considera subjetivamente como una "tortura" medieval. Si esta moratoria hubiera prosperado, se hubiera impedido pura y simplemente la realización del PHRC sobre el "packing" mencionado anteriormente.

Todavía no hemos llegado a ese punto, pero es fácil ver cómo la presión asociativa, y a veces ideológica, podría conseguir poner en tela de juicio una investigación evaluativa autorizada democráticamente. Estaríamos entonces ante una situación inédita en la que los padres de los niños definirían los campos de investigación (clínica, teórica, terapéutica o evaluativa) autorizados o no. Lo que está en juego es mucho más importante que los pocos niños autistas concernidos por la técnica del "packing". En todo caso, esperemos que los responsables políticos implicados no cedan a posiciones ajenas al rigor científico y a la mejoría de todos estos niños que sufren.

Capítulo 6

El lugar de los psiquiatras de niños y de los psicoanalistas con los niños autistas

Más adelante volveré sobre la importancia de la atención multidimensional adaptada a cada niño autista, en conexión lógica con el modelo polifactorial que es actualmente el más plausible en lo que respecta al autismo (ver p. 81). En el marco de estos tratamientos multidimensionales, mi opinión es que la evaluación psiquiátrica infantil y la atención psicológica en el sentido estricto del término conservan un lugar de suma importancia. Debido a su formación, los psiquiatras infantiles están en una posición que les permite tener una visión global de la situación y equilibrar de la mejor manera las distintas medidas que se consideren necesarias. Por otra parte, es importante precisar aquí la cuestión de la psicoterapia para niños autistas.

La época en la que los psicoanalistas pensaban que estaban abordando la causa primera del autismo a través de la psicoterapia infantil ha quedado atrás, y los que recurren incansablemente a los escritos de B. Bettelheim deberían pensar en modernizarse un poco. Ningún psicoanalista actual razonable puede reconocerse en la visión, a menudo caricaturesca, que se da de la obra de B. Bettelheim. Desde los trabajos de la escuela kleiniana y postkleiniana en particular, los psicoanalistas -y estoy pensando aquí, en particular, en D. Meltzer (1980)- están mucho menos obsesionados con la o las causas del autismo que con los mecanismos del funcionamiento autista, con el tipo de angustias arcaicas que manifiesta un niño autista y con las defensas que utiliza contra estas angustias arcaicas.

Los niños autistas manifiestan angustias de precipitación, angustias de vaciamiento, de liquefacción, de caída interminable, sin fondo, angustias que están más allá de las angustias de fragmentación del tipo esquizofrénico, porque en el autismo, que se sitúa más allá de la construcción del yo y del sí mismo, ¡todavía no hay nada que fragmentar!

Por otro lado, hay angustias muy profundas ligadas al fracaso del establecimiento de las envolturas psíquicas. Los niños lo expresan en su tratamiento, y también nos muestran los tipos de defensa que intentan poner en marcha contra estas angustias arcaicas, particularmente el desmantelamiento y la retracción.

Poder entrar un poco en el mundo interno del niño autista, poder hacerle sentir que intentamos compartir algo de lo que vive, poder hacerle sentir que también intentamos representarnos algo de sus angustias y mecanismos de defensa –y me parece que los psicoanalistas están muy bien formados para hacerlo– constituye una ayuda muy importante en el camino de la intersubjetividad, porque, una vez más, ayudar a un niño autista significa ante todo, a pesar de todo, hacerle sentir que existe otro que no es amenazante y que no lo es porque comparte, precisamente, algo de su mundo interior. Geneviève Haag insiste mucho en este compartir el mundo interior del niño[25].

Las psicoterapias psicoanalíticas de niños autistas son útiles al permitir una verbalización de los afectos y de las emociones del niño, una puesta en sentido de las figuraciones corporales presimbólicas de sus angustias arcaicas y una integración progresiva de su yo corporal; esto no tiene nada que ver con la búsqueda o la designación de un culpable, como se cree todavía con demasiada frecuencia, pero volveremos sobre ello (ver p. 135 y ss.).

25. Cabe señalar que en la referencia nº 102 del CCNE (Comité Consultivo Nacional de Ética), se destacó este ámbito como extremadamente importante.

TERCERA PARTE

Los avances espectaculares en la comprensión de la enfermedad

El objetivo aquí es presentar los nuevos avances neurocientíficos sobre el autismo y aportar reflexiones esenciales sobre el funcionamiento psíquico autista, la cuestión de la polisensorialidad, el papel del lóbulo temporal superior y la problemática de los mecanismos autistas en relación con las estructuras autistas. Efectivamente, se trata de cuestiones esenciales para comprender mejor las posibilidades de diálogo que existen actualmente entre la neurociencia, la psiquiatría infantil, la psicopatología e incluso... ¡el psicoanálisis! Este diálogo es esencial para el futuro de los niños autistas.

Capítulo 1

¿Los autistas son extraterrestres? La cuestión de una dimensión autista en cada uno de nosotros

En primer lugar, cabe señalar que el estudio cada vez más profundo del funcionamiento autista nos ha enseñado que en todos los bebés sanos existen una serie de mecanismos autistas desde el principio de la vida: el desmantelamiento o la escisión de las sensaciones opuestas, por ejemplo. Lo patológico es su persistencia e intensificación en los niños autistas, pero en sí mismos estos mecanismos no son cualitativamente anormales. Están presentes de forma fugaz en los bebés sanos; los niños autistas, en los que son mucho más visibles, nos han enseñado, por así decirlo, a verlos en todos los bebés, mientras que en estos últimos son transitorios y poco intensos. Desde este punto de vista, los niños autistas ¡no son extraterrestres!

Con respecto a los niños autistas: por muy bellos y armoniosos que a menudo sean físicamente no suelen ser –ninguno de ellos– el Principito de Saint-Exupéry. Por muy enigmáticos que sean, no son niños venidos de otra parte e iniciados en un más allá que se nos escaparía a los no autistas, a nosotros, comunes mortales.

En realidad, las posiciones con respecto al autismo infantil oscilan constantemente entre dos polos diametralmente opuestos. O se les considera realmente individuos extraños –casi no humanos– o se banaliza el autismo hasta el extremo, convirtiéndolo en una dimensión presente, en mayor o menor medida, en todo el mundo. Además, la palabra "autismo" es a veces, y cada vez más a menudo, sobreutilizada: ¿no oímos, por ejemplo, de tal o cual político decir que es autista, solo para significar que hace oídos sordos a tal o cual afirmación? No solo es inapropiado, sino que, en mi opinión, es hiriente para los sujetos autistas que viven en un mundo duro y terriblemente angustiante.

Entre estos dos polos de sacralización y banalización, existe una tercera representación del autismo que consiste en considerar que hay un componente autista específico del funcionamiento psíquico humano, un componente que varía de un individuo a otro, con un límite muy difícil de trazar entre lo normal y lo patológico. Esta tercera concepción es interesante, pero posiblemente peligrosa.

Es interesante porque se refiere a lo que hemos visto sobre la génesis de la intersubjetividad (ver p. 35 y ss.): la existencia de mecanismos autistas presentes, al principio de la vida, en todos los bebés, incluso sanos, y también la hipótesis de posibles islotes autistas en sujetos neuróticos no autistas (S. Klein, 1980; F. Tustin, 1982, 1986, 1989 y 1992). Pero también es peligroso, porque si se interpreta mal, podría dificultar el reconocimiento de la especificidad de la patología autista y, finalmente, obstaculizar la puesta en marcha de medios adecuados para su tratamiento.

Capítulo 2
¿Existe una forma de inteligencia autista particular?

Seguramente todo el mundo recuerda la película Rain Man, dirigida por Barry Levinson, estrenada en 1988 en Estados Unidos y en Francia en 1989, con Dustin Hoffman en el papel principal de Raymond Babbitt. Raymond no funciona como los demás; esto es evidente para cualquier espectador, pero, más allá de sus dificultades relacionales, tiene una relación con las cosas y los objetos que no es habitual. Luego de tirar una caja de fósforos, ¡con una simple mirada puede saber, por ejemplo, cuántos fósforos había en la caja!

Esta ilustración, que se ha convertido en un clásico, muestra claramente que el funcionamiento cognitivo autista no corresponde únicamente a una aceleración cuantitativa de los procesos psíquicos ordinarios. Es algo muy diferente, una forma de pensamiento cualitativamente distinta. Sobre esta base, no se puede dejar de ser sensible a los trabajos de un investigador como L. Mottron (2004) que, en Canadá, defiende la idea de una especificidad de la inteligencia autista enraizada en una hipersensibilidad auditiva y visual y cuyo estudio podría enseñarnos mucho sobre el funcionamiento psíquico en general.

¿Qué debemos pensar sobre esto? El problema es más que complejo. Ciertamente, es interesante imaginar que los trastornos de tipo autista no pueden pensarse solo en términos de fracaso de los procesos psíquicos habituales, y poner en marcha investigaciones específicas para comprender mejor los mecanismos íntimos del pensamiento autista. Considerar que el autismo solo representa una de las formas posibles de inteligencia es correr el riesgo de negar el sufrimiento psíquico de los niños o adultos autistas, o incluso, abogar por la importancia de respetar este tipo de inteligencia, impugnando el interés de cualquier tratamiento destinado a modificar verdaderamente la situación.

Este tipo de posición extremista es, por supuesto, relativamente rara, pero existe, al igual que en otros campos de la patología –y estoy pensando aquí en los niños con pérdida de audición o en los niños sexualmente ambiguos: para algunos padres, no oír o no ser ni niño ni niña es básicamente una forma de presencia en el mundo que no debe ser normalizada a toda costa–.

Me choca este enfoque de las cosas, porque ignora en cierto modo el sufrimiento de los niños afectados.

Desde esta misma perspectiva, me opongo al uso del término "personas con autismo" para referirse a los niños o adultos autistas. Lo considero un ejemplo típico de "lenguaje vacío", porque aunque los niños y adultos autistas tienen obviamente derecho al respeto que se debe a todo ser humano, les resulta difícil convertirse en una persona o un sujeto en sí mismo. Si G. Canguilhem (1975) pudo decir de los jorobados que eran personas normales más una joroba para combatir la dimensión estigmatizante y reductora de su discapacidad, no podemos en absoluto decir que un niño autista es un niño normal más un autismo. Queda claro lo absurdo de esta visión de las cosas que subyace en algunos de los trabajos canadienses que he mencionado anteriormente.

Capítulo 3

La noción de modelo polifactorial y el consecuente tratamiento multidimensional

El concepto freudiano de "series complementarias" (S. Freud, 1915-1917) representa, en cierto modo, el ancestro epistemológico de nuestro actual modelo polifactorial. En su época, constituyó una auténtica revolución en la medida en que representó una profunda ruptura con la visión médica imperante, que entonces estaba estrechamente vinculada a las perspectivas desarrolladas por Claude Bernard. Efectivamente, Freud propone una especie de golpe de fuerza epistemológico al formular la hipótesis de que la constitución de toda organización neurótica sólo puede concebirse como el resultado de la influencia conjunta de factores endógenos y exógenos.

Entre los factores endógenos, Freud piensa en los "puntos de fijación" que plantea en el marco de su esquema del desarrollo psicoafectivo: un punto de fijación oral predispone, según él, a la organización de una neurosis histérica, un punto de fijación anal a la organización de una neurosis obsesiva y un punto de fijación fálica o uretral-fálica a la organización de una neurosis fóbica o histérica. Pero Freud precisa que estos puntos de fijación no pueden considerarse causas en el sentido lineal del término, ya que sólo son factores predisponentes, no determinantes. En este modelo es necesario que factores exógenos precipiten y descompensen las cosas, y entre estos factores exógenos, Freud insiste en el tema de la frustración sexual como central. En este modelo, existe una especie de "escala móvil" entre los factores endógenos y los exógenos: cuanto más importantes son unos de ellos, menos importantes necesitan ser los otros, pero la presencia de ambos es indispensable -en cada sujeto- para dar cuenta de su psicopatología, según una ecuación patogénica que es, por tanto, estrictamente específica e individual.

Factores primarios y secundarios

Esta concepción de la etiología psicopatológica nos parece hoy un poco simplista y anticuada, pero, por un lado, para su época, fue extremadamente innovadora, y, por otro, nuestro modelo polifactorial actual deriva directamente de ella, aunque desde entonces se ha complejizado mucho. Hoy en día, consideramos que cualquier situación psicopatológica es el resultado de la interacción de factores primarios y secundarios y que estas dos líneas de factores son fundamentalmente polifactoriales, tanto los factores primarios como los secundarios pueden ser endógenos (la parte personal del niño) o exógenos (el entorno).

Los factores primarios son solo factores predisponentes (o de vulnerabilidad): no son suficientes, pero sí necesarios, no crean psicopatología, pero aumentan el riesgo. Los factores secundarios son factores de descompensación (desencadenantes) de la psicopatología en sujetos portadores de factores primarios que los fragilizan.

Este modelo, que se aplica a todas las psicopatologías, parece muy plausible en el contexto del autismo infantil y los trastornos generalizados del desarrollo. Sin embargo, hay que señalar que, en la actualidad, sigue siendo imposible decir cómo interactúan entre sí el conjunto de estos diferentes factores, no todos presentes en la ecuación etiológica de cada caso de autismo, cada uno de los cuales parece tener un rol parcial, pero cuya coexistencia, en algunos casos, puede deberse simplemente a un efecto de correlación estadística (véase el Anexo 1 para una presentación detallada de los factores primarios y secundarios actualmente conocidos, y su relación mutua).

La dialéctica entre factores primarios y factores secundarios

En la psiquiatría infantil, ciertos factores pueden jugar como factores primarios o secundarios, según el caso; en última instancia, el papel del análisis psicopatológico es aclarar las cosas lo mejor posible. Tomemos el caso de las deficiencias, ya sean cuantitativas o cualitativas, que son objeto de especial atención en estos últimos años. En algunos casos, los factores de carencia actúan como factores primarios de fragilización: sabemos, por ejemplo, que algunos niños con una depresión anaclítica, en el sentido de R. Spitz (1979), pueden convertirse en autistas si persiste la situación de carencia; la experiencia de los huérfanos en Rumanía ha proporcionado recientemente una triste confirmación de ello. Por el contrario, según F. Tustin (1982, 1986), las patologías autistas pueden ser, en algunos casos, el resultado del encuentro de niños vulnerables (en el sentido de los factores primarios mencionados anteriormente) con un entorno que está en dificultad interactiva por una u otra razón.

Por lo tanto, es esencial un análisis caso por caso. Y tanto más esencial cuanto que la frecuencia de los casos de autismo parece aumentar actualmente en las familias en situación de gran precariedad y que, entre ellas, el número de familias migrantes es indudablemente elevado. De ahí a pensar, como algunos ya se han apresurado a argumentar, que las familias de inmigrantes traen consigo genes del autismo y que simplemente es importante cerrar nuestras fronteras, es una estupidez en la que no voy a detenerme.

La realidad es más compleja y, sin duda, habría que tener en cuenta más bien el hecho de que la precaridad sociofamiliar puede, en tanto factor secundario, descompensar de un modo autista a los niños vulnerables en cuanto a sus factores primarios (y no necesariamente genéticos), niños que probablemente nunca se habrían convertido en autistas sin el encuentro con esta particular y dolorosa realidad sociológica.

Tener en cuenta, por una parte, la intricación de los factores primarios y secundarios y, por otra, el hecho de que un mismo factor puede intervenir, según los casos, como factor primario o como factor secundario, me parece que es la única manera, en la actualidad, de crear un espacio de libertad y un lugar a los efectos del encuentro en términos de etiopatogenia psicopatológica, que de otro modo correría el riesgo de reducirse a un esquema lineal y reductor de tipo estrictamente neurodesarrollista.

Añadiría que el concepto del modelo polifactorial no es en absoluto, en mi opinión, una forma de reintroducir la idea de una causalidad psíquica exclusiva del autismo. No existe una causalidad psíquica exclusiva del autismo, como tampoco existe, sin duda, una causalidad física exclusiva de esta afección. Tal vez sea mejor hablar, a partir de ahora, de una causalidad interactiva –interactiva en dos sentidos: por un lado, por las interacciones funcionales entre los factores primarios y secundarios, y, por otro, por la dialéctica que muy probablemente existe entre los factores orgánicos y las interacciones tempranas en la perspectiva del "proceso autistisante" propuesto por J. Hochmann (véase p. 116)–.

La necesidad absoluta de una atención multidimensional

La lógica de la hipótesis etiológica polifactorial es obligar a una atención multidimensional lo mas precoz posible, para no privarse de ninguna vía de acceso potencialmente eficaz. El todo-psicoanalítico ha fracasado, pero el todo-pedagógico, el todo-educativo o el todo-reeducativo fracasarán del mismo modo, y cualquier técnica que pretenda tener razones para reclamar o imponer el monopolio de la atención es, de hecho, muy sospechosa. Dicho esto, es importante, por supuesto, respetar al máximo las trayectorias de las familias, defendienfo firmemente que, en el marco de una integración escolar digna de ese nombre, se lleve a cabo una acción conjuntamente sobre los tres niveles de lo educativo, la reeducación y el tratamiento psicoterapéutico, según la perspectiva que presidió la creación en 1996 de los Centros de Recursos para el Autismo (CRA) (véase p. 143).

Capítulo 4

El concepto central de polisensorialidad. Cómo sienten y perciben el mundo los niños autistas

Al principio de la residencia, en los años ochenta, cuando empecé a pensar en mi elección de ser psiquiatra infantil o pediatra, tuve la oportunidad de conocer a un personaje pintoresco, el profesor Gilbert Lelord, que trabajaba en Tours sobre un tema muy preciso: la dificultad de los niños autistas para acoplar armoniosamente sus percepciones auditivas y visuales. Esta dificultad se estudiaba mediante la técnica conocida como potenciales evocados corticales: visuales a nivel del área occipital, auditivos a nivel del tronco cerebral. Toda la comunidad psiquiátrica infantil de la época miraba con cierta diversión y condescendencia este tipo de investigación electrofisiológica que no estaba a la moda en ese momento.

De hecho, Gilbert Lelord fue un precursor y abrió una vía de investigación muy fructífera en el campo del autismo. Ya no se considera que los niños autistas sufran un déficit perceptivo, sino que, por el contrario, presentan una hipersensibilidad sensorial, sobre todo en los canales auditivo y visual, que corresponden a las modalidades "distales" de la percepción –el objeto puede verse y oírse a distancia–, mientras que el tacto, el gusto y el olfato, que corresponden a las modalidades proximales de la percepción –hay que estar en contacto con el objeto para tocarlo, saborearlo u olerlo–, estarían relativamente a salvo. Sabemos hoy que esta hipersensibilidad sensorial dificulta considerablemente el acceso a la polisensorialidad armoniosa de la que depende el acceso a la intersubjetividad. Aquí es donde los trabajos de Lelord fueron verdaderamente pioneros: planteaban ya en esa época la cuestión de la polisensorialidad y de la exterioridad del objeto. De hecho, la cuestión de la sincronía polisensorial se encuentra en el centro de todas las reflexiones sobre las interacciones tempranas en la actualidad (A. Ciccone y D. Mellier, 2007).

La comodalización de los flujos sensoriales desde el punto de vista cognitivo

Sabemos gracias a algunos trabajos cognitivos (A. Streri, 1991 y 2000) que la articulación de los diferentes flujos sensoriales de un objeto es necesaria para que un sujeto tome conciencia de que el objeto percibido es externo a él. En otras palabras, ningún objeto puede ser percibido como externo a uno mismo hasta que es aprehendido simultáneamente por al menos dos modalidades sensoriales al mismo tiempo, lo que subraya la importancia de la comodalidad como agente central de acceso a la intersubjetividad.

Me parece que, a su manera, los cognitivistas se acercan aquí a una posición psicodinámica clásica según la cual el descubrimiento del objeto es fundamentalmente coextensivo con el descubrimiento del sujeto y recíprocamente, aunque los trabajos cognitivistas se refieren más a menudo, en realidad, a una intersubjetividad primaria que es eficaz desde el principio en el bebé. De hecho, identificar el objeto como externo a uno mismo presupone, en el mismo movimiento, reconocer al yo como agente de las percepciones en juego, y no sólo como agente de las acciones producidas (proceso de agentividad).

La vivencia de exterioridad del objeto: una convergencia entre psicoanálisis y cognición

Vivir el objeto como externo a uno mismo, vivirlo en exterioridad, presupone el acceso a la intersubjetividad y la elaboración del duelo por el objeto primario[26] que subyace al proceso de dife-

---

26. Este término se refiere al movimiento hacia la autonomización del niño en relación con las funciones que primero realizaban para ellos los adultos y el acceso a una representación claramente diferenciada de el mismo y de los adultos.

renciación extrapsíquica. Desde un punto de vista psicodinámico, esta posibilidad de experimentar el objeto como externo se aclara con los conceptos de "mantelamiento" y "desmantelamiento" (D. Meltzer et al., 1980), mientras que desde un punto de vista cognitivista, es el proceso de "co-modalización" de los flujos sensoriales que emanan del objeto lo que está en el centro de la reflexión. Sin embargo, con respecto a la articulación de los flujos sensoriales hay una cierta convergencia entre las dos formulaciones que conviene señalar. Esta convergencia entre los dos tipos de enfoques -psicodinámico y cognitivo- es lo suficientemente rara como para que merezca la pena destacarla: probablemente refleja el hecho de que los conceptos de "mantelizamiento" o "comodalización" representan dos formulaciones complementarias de un mismo fenómeno del desarrollo, que pueden entenderse desde ángulos diferentes[27].

Siendo así, podemos hacer la hipótesis de un equilibrio necesario entre, por un lado, la pareja dialéctica mantelamiento-desmantelamiento (mecanismo intersensorial) y el fenómeno de segmentación de las sensaciones (mecanismo intrasensorial), entendiéndose que no hay percepción posible sin una puesta en ritmo de los diferentes flujos sensoriales[28]. Temple Grandin (1986) nos cuenta en su libro *Ma vie d'autiste* cómo cuando salió de su burbuja autista, tuvo que aprender a parpadear voluntariamente cuando, para el resto de los niños, esto se da de forma espontánea.

Este trabajo de comodalización perceptiva requiere, en efecto, que los diferentes flujos sensoriales se pongan en ritmos compatibles y si este trabajo de comodalización se realiza, como pensamos hoy, a nivel del surco temporal superior (véase el próximo capítulo), entonces se abre una pista de trabajo apasionante, en la medida en que esta zona cerebral resulta ser también la zona

---

27. Lo que Laurence Robel y yo tuvimos la oportunidad de sostener en una ponencia en la Academia Nacional de Medicina, titulada "Por un enfoque integrador del autismo. El lobulo temporal superior entre neurociencia y psicoanálisis", Académie Nationale de Médecine, París, 10 de febrero de 2009.

28. Este trabajo de puesta en ritmo de los diferentes flujos sensoriales se produce probablemente a tres niveles distintos: en primer lugar, a nivel central (a nivel de la sustancia reticulada del tronco cerebral que filtra las diferentes señales sensoriales hacia la corteza cerebral), en segundo lugar, a nivel periférico (el parpadeo hace intermitente el flujo visual, por ejemplo) y, por último, a nivel interactivo (a nivel de las interacciones adulto-bebé que influyen en los procesos de atención del niño).

del reconocimiento del rostro del otro (y de las emociones que lo animan), del análisis de los movimientos del otro y de la percepción de la calidad humana de la voz.

La voz de la madre, el rostro de la madre, el holding de la madre aparecen, por tanto, como factores fundamentales de facilitación o, por el contrario, de obstaculización, de la comodalidad perceptiva del bebé y, por ende, de su acceso a la intersubjetividad. Los procesos de subjetivación se juegan fundamentalmente en el nivel de las interacciones tempranas, como una coproducción de la madre y el bebé, una coproducción que debe tener en cuenta el equipo cerebral del niño, sus capacidades sensoriales y la vida fantasmática inconsciente del adulto que vuelve eficientes, o no, a estos diversos facilitadores de la co-modalidad perceptiva.

Capítulo 5
El surco temporal superior "en vedette"

A Serge Lebovici le gustaba decir que "el psicoanálisis no tiene por qué temer los formidables avances actuales de las neurociencias", y añadía que incluso los espera con impaciencia en la medida en que estos nuevos datos sirven de nuevas puertas de entrada para el modelo, necesariamente polifactorial, de cualquier situación psicopatológica.

Es en esta perspectiva en la que decididamente me sitúo.

Actualmente, el servicio de psiquiatría infantil del Hospital Necker-Enfants Malades funciona como uno de los siete Centros de Evaluación y Diagnóstico del Autismo (CEDA) del Centre Ressources Autisme Île-de-France (CRAIF); como tal, el departamento de Autismo del servicio, dirigido por Laurence Robel, y la unidad de día del departamento de psiquiatría infantil, de la que soy responsable, trabajan en estrecha colaboración con el departamento de neuroimagen del centro dirigido por el profesor F. Brunelle. Así, algunos de los niños evaluados en el servicio forman parte de la cohorte de niños estudiados en IRM (resonancia magnética) por Monica Zilbovicius, Nathalie Boddaert y sus equipos. Me gustaría tratar de mostrar aquí el razonamiento general en el que se integran sus resultados, que fueron objeto de un gran debate en el verano de 2004 y que, sin duda, fueron malinterpretados y explotados de forma demasiado simplista.

Estos resultados en neuroimagen funcional se inscriben en un enfoque conjunto neurobiológico y psicopatológico, de la patología autista, enfoque conjunto que me parece muy específico del centro Necker-Enfants Malades, donde podría surgir un verdadero centro transdisciplinario[29], en torno a los trastornos del desarrollo neurológico y psíquico. Lo que quisiera mostrar aquí es cómo estos resultados en el campo de la neuroimagen se integran en la reflexión sobre la psicodinámica de los estados autistas, es decir, hacer comprender mejor el estado de la reflexión actual en lo que se refiere a la articulación entre la neurociencia y el psicoanálisis en el campo del autismo infantil, pero también en lo que se refiere a una visión más unificada de esta patología tan dolorosa.

El autismo como fracaso del acceso a la intersubjetividad

Ya sea que nos refiramos a una intersubjetividad primaria dada desde el principio (C. Trevarthen et al., 2003), a una intersubjetividad adquirida secundariamente a partir de una indiferenciación inicial postulada por la mayoría de los modelos psicoanalíticos clásicos, o si nos referimos a una dinámica progresiva que permite que la intersubjetividad se estabilice progresivamente a partir de núcleos de intersubjetividad primaria. En cualquier caso, el proceso de acceso a la intersubjetividad puede entenderse como el movimiento de diferenciación que permitirá al niño, un día, experimentar, sentir e integrar profundamente que el yo y el otro son dos (ver p. 35 ss.). El autismo infantil siempre aparece como un fracaso masivo de este proceso de acceso a la intersubjetividad, y esta me parece una definición en la que muchos investigadores y clínicos de diferentes horizontes pueden estar de acuerdo.

---

29. Este centro incluye los servicios de neuropediatría (Prof. I. Desguerre), genética humana (Prof. A. Munnich), pediatría metabólica (Prof. P. de Lonlay), neuroimagen (Prof. F. Brunelle), así como el servicio de psiquiatría infantil que dirijo.

Dos estudios de IRM en 2004

Estos dos estudios originales han sido confirmados por trabajos posteriores y los menciono aquí en tanto etapa importante en la investigación en esta área.

¿Qué es una resonancia magnética?

Para llegar a lo esencial, la IRM es una técnica no invasiva, derivada de la tomografía computarizada (scanner) y basada en la técnica de la resonancia magnética nuclear. No sólo proporciona una imagen anatómica del órgano estudiado (la llamada IRM anatómica), sino que también ofrece información sobre los cambios de volumen relacionados con la actividad del órgano estudiado, ya que estos cambios de volumen están relacionados esencialmente con las variaciones del flujo sanguíneo que se deben al estado de actividad o inactividad de las zonas implicadas (la llamada IRM funcional).

A nivel cerebral, la IRM funcional permite así abordar las modificaciones de las zonas motoras cerebrales en caso de actividad motora o las modificaciones de las diferentes zonas sensoriales cerebrales durante la recepción de uno u otro flujo sensorial (auditivo, visual, etc.). Desde 2004, los estudios de resonancia magnética funcional han demostrado, en particular, que el surco temporal superior (STS) representa, en los adultos normales, el área específica dedicada al procesamiento de las señales vocales y el área fusiforme (FFA), el área dedicada al reconocimiento del rostro, siendo el reconocimiento de la voz humana y el reconocimiento de los rostros dos ejes fundamentales de las interacciones sociales. Sin embargo, en el estado actual de las cosas, hay que tener en cuenta que una IRM cerebral funcional no puede realizarse en situación libre, ya que hay que colocar la cabeza del sujeto en el aparato, lo que impone numerosas obligaciones: estar acostado, relativamente inmóvil y con la cabeza incluida en el aparato, lo que evidentemente plantea grandes dificultades con los niños autistas más o menos agitados: la necesidad de premedicación, y a veces incluso de anestesia general.

El reconocimiento de la voz en personas autistas[30]

Este estudio de resonancia magnética funcional comparó a 5 adultos autistas de sexo masculino (25,8 +/- 5,9 años) con 8 varones adultos de la misma edad (27,1 +/- 2,9 años) como población testigo. El diagnóstico de autismo se realizó según los criterios del ADI-R (Autism Diagnostic Interview-Revised) y del DSM-IV (4ª edición del Diagnostic and Statistical Manual of Mental Disorders). La experiencia consistía en la escucha pasiva de dos tipos de muestras sonoras (separadas por intervalos de 10 segundos de silencio para evitar cualquier artefacto por contaminación).

En la población testigo, se observó una mayor activación del STS por los sonidos vocales que por los no vocales, mientras que los sonidos no vocales no activaron ninguna otra región específica en relación con los sonidos vocales. En los sujetos autistas, las observaciones fueron las siguientes:

- ninguna activación del STS en 4 de 5 sujetos por los sonidos vocales y activación unilateral del STS en 1 sujeto;
- una activación cortical idéntica para las señales vocales y no vocales en relación con el nivel de base (silencio);
- un tratamiento cortical normal de los sonidos no vocales.

Estos resultados en adultos sugieren que, desde el desarrollo temprano de los niños autistas, esta área cerebral concreta, el surco temporal superior, sería defectuosa.

Anomalías del surco temporal superior en sujetos autistas[31]

Esta vez se trata de un estudio de resonancia magnética estática, no funcional. La técnica de imagen utilizada corresponde a

---

30. H. Gervais, P. Belin, N. Boddaert, M. Leboyer, A. Coez, I. Sfaello, C. Barthelemy, F. Brunelle, Y. Samson y M. Zilbovicius, " Abnormal cortical voice processing in autism ", Nature Neuroscience, 2004, 7, 8, pp. 801-802.

31. N. Boddaert, N. Chabane, H. Hervais, C. D. Good, M. Bourgeois, M.-H. Plumet, C. Barthelemy, M.- C. Mouren, E. Artiges, Y. Samson, F. Brunelle, R. S. J. Frackowiak y M. Zilbovicius, "Superior temporal sulcus anatomical abnormalities in childhood autism: A voxel-based morphometry MRI study" ("Anomalías anatómicas del surco temporal superior en el autismo infantil: estudio de morfometría basada en vóxeles"), NeuroImage, 2004, 23, 364-369.

un análisis matemático vóxel por vóxel con posible acumulación de IRM (morfometría del cerebro entero basada en vóxeles o VBM). Este estudio se basa en una técnica 3D de alta resolución. Los investigadores compararon 21 niños autistas primarios (9,3 +/- 2,2 años) con 12 niños como población testigo (10,8 +/- 2,7 años). Observaron una disminución significativa de la concentración de materia gris en el STS (P < 0,05) y una disminución significativa de la materia blanca en el polo temporal derecho y el cerebelo (P < 0,05) en los niños con autismo. Estos resultados parecen ser compatibles con la hipótesis de hipoperfusión de estas diferentes áreas en los niños con autismo.

De ahí que haya varias preguntas aún sin respuesta

- ¿Es posible ser autista sin estas anomalías del surco temporal superior en la resonancia magnética?
- ¿Cómo acceden algunos individuos al lenguaje verbal a pesar de las anomalías descritas en el reconocimiento de la voz humana (es cierto, sin embargo, que el lenguaje verbal de las personas autistas suele acompañarse de profundas alteraciones en la prosodia de ese lenguaje)?
- ¿La salida del autismo se acompaña de una normalización progresiva del surco temporal superior o pasa por procesos compensatorios relacionados con la plasticidad cerebral?

Convergencias neuropsicoanalíticas: interés y límites

Estos resultados de la neuroimagen no generan ninguna dificultad a los psiquiatras infantiles y a los psicoanalistas; al contrario, permiten una cierta convergencia entre los datos de las neurociencias y los del psicoanálisis con respecto al autismo infantil, con la aparición posible de una visión relativamente unificada de esta patología.

Nuestras propuestas, en el marco del programa de investigación llevado a cabo en Necker desde 2003 sobre los precursores corporales e interactivos de la comunicación y sus trastornos (Programa Internacional sobre el Lenguaje Infantil, o PILE), pueden entonces condensarse de la siguiente manera:

- No hay acceso posible a la intersubjetividad sin la comodalización perceptiva, de ahí la importancia del amamantamiento como "situación de atracción consensual máxima", según D. Meltzer (ver p. 37).
- No es posible ninguna comodalización perceptiva sin la voz de la madre, el rostro de la madre y el holding de la madre como organizadores de esta comodalización perceptiva; de ahí el impacto deletéreo de las depresiones maternas y la experiencia del "*still face*"[32] en los procesos de comodalización.
- El STS parece ser uno de los lugares importantes de la disposición cerebral de la comodalización perceptiva; de ahí su importancia central como lugar de disfunción primaria o como eslabón intermedio del funcionamiento autista.
- Estos estudios de neuroimagen abogan por una validación experimental del "proceso autistizante" conceptualizado por J. Hochmann. Conocemos la eficacia de los antidepresivos incluso en casos de depresión reactiva exógena, porque las condiciones bioquímicas de la depresión se crean al funcionar durante demasiado tiempo en estado de duelo. Del mismo modo, funcionar durante demasiado tiempo sin una comodalización perceptiva podría crear las condiciones cerebrales de la organización autista y quizás también los cambios en el surco temporal superior que se describen hoy en día en la resonancia magnética funcional.

Pero esta visión integradora también tiene sus límites. En efecto, la patología autista, en opinión de todos, psicopatólogos y neurocientíficos por igual, parece ser hoy fundamentalmente heterogénea y compleja. Sin duda, es mejor hablar de autismos en plural. Por lo tanto, aislar el surco temporal superior para convertirlo en el lugar de un mecanismo intermedio importante en el

32. El experimento del "*still face*", propuesto por E. Z. Tronick (1978), consiste en pedir a la madre que permanezca completamente quieta durante unos minutos y no reaccione a las señales o miradas de su bebé. Algunos investigadores se preguntan si no se trata de una respuesta depresiva basal al observar que esta experiencia bastante angustiosa para el niño da lugar a una respuesta conductual que es como una réplica en miniatura de los tres tiempos (desesperación, desánimo, desapego) descritos por J. Bowlby (1978, 1984) tras una separación repentina del niño de su entorno natural. En la actualidad, esta cuestión sigue abierta.

determinismo del autismo (a través de una disfunción del neurodesarrollo) o incluso en el lugar de la inscripción cerebral de posibles trastornos interactivos que impiden que el surco temporal superior se estructure de forma adecuada tiene, obviamente, una cierta dimensión reductora. En un plano más amplio, la patología autista nos confronta totalmente con las raíces de lo humano; aunque es discapacitante, dista mucho de solo ser una discapacidad cuya base neurológica y cerebral sería de esta manera fácilmente localizable. Desconfiemos de las simplificaciones excesivas, que podrían impedirnos entrar en una descripción semiológica, psicopatológica, metapsicológica y fenomenológica fina de los trastornos autistas. Nadie se beneficiaría, ni los investigadores ni los clínicos, y menos aún los niños enfermos y sus familias.

Capítulo 6

Sobre ciertos estereotipos sensoriales

Esta reflexión sobre la comodalización perceptiva del bebé en la interacción con el adulto me lleva a plantear la cuestión de la función de los estereotipos en los niños autistas. Estos estereotipos pueden ser verbales, conductuales o sensoriales; es en estos estereotipos sensoriales, que parecen operar en algún punto entre la búsqueda y la evitación del objeto, en los que me detendré más extensamente.

Durante mucho tiempo, la función y el significado de estos estereotipos siguieron siendo enigmáticos. No fue hasta los trabajos de la escuela postkleiniana -en particular los de F. Tustin (1982, 1986) y D. Meltzer (1980)- que empezamos a entender estos estereotipos como un aferramiento de los niños autistas al proceso de desmantelamiento. Sabemos que en los niños sanos, este proceso de desmantelamiento pasa mucho más desapercibido (ver p. 87). Es muy escurridizo y tiene lugar durante las primeras semanas de vida, durante las cuales es probable que se integre en el sistema de para-excitación del bebé, permitiéndole protegerse de un entorno externo demasiado invasivo. En cambio, en los niños autistas, este desmantelamiento se instala y perdura. Así lo demuestran, por ejemplo, los "enganches" sensoriales en los que estos niños pueden abstraerse durante un largo periodo de tiempo. A la luz de las reflexiones anteriores, quizás podamos ir más allá en la comprensión de estos estereotipos autistas, o incluso en su comprensión fenomenológica.

Podemos considerar con D. Meltzer (1980) que los estereotipos de golpeteo, por ejemplo, tienen una función de para-excitación (protección contra la excitación) en el sentido de que favorecen una modalidad sensorial en detrimento de otras –aquí, el tacto–, clivando la realidad según el eje de las diferentes percepciones sensitivo-sensoriales y así proteger al niño, por desmantelamiento, de un exceso o una sobreestimulación de estímulos simultáneos que podrían ser percibidos por el niño como abrumadores, amenazantes y peligrosos. Esta es una primera explicación y puede aplicarse a muchos tipos de estereotipos, no sólo a los táctiles[33].

Sin embargo, tampoco puede excluirse la hipótesis de que este tipo de estereotipia monosensorial pueda también estar en la base de una experiencia contradictoria (¿y defensiva?) del niño autista. En efecto, si ir al encuentro de un objeto a través de una sola vía sensorial es completamente insatisfactorio, es sin embargo un primer paso hacia el reconocimiento del objeto. Una persona totalmente autista ni siquiera podría establecer esas modalidades de contacto monosensorial con el objeto.

El golpeteo de un objeto, aunque sea un golpeteo exclusivo de cualquier otro avance perceptivo-sensorial hacia el objeto, traduce una aceptación mínima de la existencia de este objeto, y aunque sea una aceptación infinitamente reducida, este esbozo de reconocimiento sigue siendo mejor que nada desde el punto de vista de la potencial emergencia autista. Al mismo tiempo, entrar en contacto con un objeto a través de una única modalidad sensorial fundamentalmente impide sentir ese objeto como exterior a sí mismo. De ahí el dilema autista: en el mismo momento en que un niño autista avanza hacia el objeto, lo hace de tal manera que anula la consideración de su exterioridad. Tal sería, en cierto modo, la tragedia autista, ya que, para el niño, el reconocimiento del objeto sería inseparable de su inmediata anulación mediante la negación de su exterioridad. Tal vez haya, en esta visión de las

33. El aspecto rítmico de ciertas estereotipias autistas puede tener una función de segmentación periférica sustitutiva pero patológica cuando la segmentación central (a nivel de la sustancia reticulada del tronco cerebral), la segmentación periférica (a nivel del parpadeo de los párpados en particular) y la segmentación interactiva (E. Friemel y N. Tranh- Huong, 2004) de los diversos flujos sensoriales se ven impedidas u obstaculizadas.

cosas, una posible línea de pensamiento sobre el autismo en sí, pero también sobre los estados post-autistas, es decir, los funcionamientos psíquicos cicatriciales que persisten incluso cuando el niño ha salido de su burbuja autista (en particular, los rituales obsesivos, una cierta rigidez psíquica y el miedo a los cambios en general).

Este acoplamiento entre el reconocimiento del objeto y su anulación inmediata se hace eco de la descripción clásica del problema autista según la cual el autista tendría de hecho la "elección", si es que elección hubiere, entre la fusión con el otro (en los autismos simbióticos o confusionales según la terminología de F. Tustin [1982, 1986]) y la evacuación del otro (en los autismos con "caparazón" según la misma terminología). Además, cuando pensamos en la frecuencia de las organizaciones pseudo-obsesivas post-autistas, decimos que estas organizaciones secuenciales o cicatriciales reflejan una transformación del acoplamiento entre el reconocimiento y la anulación del objeto con el paso del acoplamiento simultáneo al diferido (aparición de anulaciones retroactivas, y ya no sólo de anulaciones inmediatas).

Tal podría ser la función de ciertos estereotipos autistas, que parecen desarrollarse en el marco de un movimiento conjunto de búsqueda y evitamiento del objeto. Por supuesto, estas son sólo reflexiones preliminares de nuestra investigación del programa PILE y, si estas hipótesis se confirmaran, todavía tendríamos que examinar si son plausibles para los diferentes tipos de autismo o sólo para algunos de ellos, y si la función de las estereotipias autistas no depende también en gran medida de la etapa de desarrollo en la que el niño se encuentra.

Por último, entre la búsqueda y el evitamiento del objeto, las estereotipias autistas serían así testigos de un dilema fenomenológico muy doloroso para el niño autista, tironeado entre el descubrimiento del objeto y su inmediata anulación.

Esta dialéctica entre la búsqueda y la evitación del objeto está en el centro de muchos síntomas autistas que a menudo se juegan en el límite entre la recuperación del desarrollo y la desvitalización mortífera. Cuando un niño autista se sumerge, por ejemplo, en el ojo del terapeuta, marca ciertamente un esbozo de aceptación del lugar del otro, pero al mismo tiempo, al pegarse a él, rechaza la tridimensionalidad del objeto y mantiene, o hace readvenir, una bidimensionalidad fragmentada en la medida en que pegarse al otro impide la totalización de la imagen. Así, el trabajo del terapeuta, por su empatía metaforizante (S. Lebovici, 2002), por su propio poder de comodalización y por el impacto de su contratransferencia, consiste en intentar abrir este tipo de síntomas hacia la reanudación del desarrollo para evitar su empantanamiento en la repetición mortífera y desvitalizada. Es más fácil decirlo que hacerlo, por supuesto, pero esto coincide básicamente con lo que decía F. Tustin sobre el objetivo de cualquier terapia para niños autistas: hacer que el niño sienta que el otro existe y que no es peligroso... ¡simplemente!

Capítulo 7
¿Existen mecanismos autistas no autistas?

Esta es una pregunta difícil y muy controvertida. Nos guste o no, lo sepamos o no, lo aceptemos o no, en los centros de evaluación diagnóstica del autismo y de los trastornos generalizados del desarrollo, como el que tengo a mi cargo en el Hospital Necker-Enfants Malades de París, se plantea con mucha frecuencia un problema: ¿Cómo distinguir entre los niños de 2 ó 3 años que ya están comprometidos en el establecimiento de una auténtica organización autista y los niños que han tenido un episodio depresivo temprano, por ejemplo en los primeros 18 meses de vida, que manifiestan algunos mecanismos autistas más o menos aislados (enganches sensoriales o pequeñas estereotipias sensoriales), pero que no pueden ser considerados como niños autistas en el sentido pleno y clásico del término? Por ello, hoy en día distinguimos con los términos "estructuras autistas" a las organizaciones auténticamente autistas y con los de "mecanismos no autisticos", comportamientos que son descriptiva o sintomáticamente autistas, pero que no remiten a un autismo estructural.

¡Esta cuestión de los mecanismos aparentemente autistas que no son realmente autistas existe! Sin embargo, se encuentra con una fuerte resistencia por parte de algunos profesionales, pero sobre todo de algunos padres a los que les cuesta aceptar la idea de que un bebé muy pequeño pueda estar deprimido. Y sin embargo, los trabajos sobre la depresión en los bebés se acumulan desde hace varias décadas (B. Golse, 2011). Hoy en día, es como si los adultos se sintieran culpables y responsables de la depresión de un bebé en cuanto se plantea la posibilidad, mostrando el mismo sufrimiento que los padres de niños autistas en el pasado. Es una pena, porque se corre el riesgo de privarnos de un campo de investigación importante y muy fructífero en cuanto a la comprensión de los inicios de la vida psíquica.

De todas maneras, hay que distinguir entre depresiones primitivas y depresiones tempranas: las primeras podrían estar en el origen de las estructuras autistas propiamente dichas, mientras que las segundas darían cuenta de los mecanismos autistas no autistas antes mencionados. Las depresiones primitivas son graves y muy precoces, porque están ligadas al movimiento de acceso a la intersubjetividad (ver p. 35): al diferenciarse y descubriendo los objetos de su entorno, el bebé experimenta un sentimiento de pérdida, o incluso de amputación, de una parte de la imagen de su propio cuerpo de la que estos objetos, en proceso de emergencia para él, formaban parte hasta entonces. Las depresiones tempranas, en cambio, son de aparición más tardía y corresponden a un auténtico movimiento depresivo en un bebé ya más diferenciado (R. Spitz, 1979).

Sin embargo, parece que algunos niños que han presentado una depresión temprana en sus dos primeros años de vida son propensos a salir de este episodio depresivo desarrollando algunos mecanismos depresivos que probablemente les proporcionen cierta estabilidad interior. Estos mecanismos, si bien tienen el valor de una huella, de una secuela, de una cicatriz del antiguo movimiento depresivo, no comprometen en absoluto un futuro autista, no tienen un valor pronóstico tan grave como las patologías autistas propiamente dichas y no reclaman las mismas medidas de ayuda que estas últimas. Por lo tanto, es muy importante saber identificarlos, lo que en realidad es bastante delicado.

De hecho, no existe actualmente ninguna escala de diagnóstico, y el elemento más eficaz es el análisis de lo que siente el clínico (es decir, su contratransferencia): en el caso de una estructura autista probada, se siente dolorosamente evacuado por el niño de la relación, mientras que en el caso de los mecanismos autistas posdepresivos, se siente, por el contrario, como llamado por el niño al rescate.

Una vez más, el problema clínico al que nos confrontamos cotidianamente es el de diferenciar las depresiones primarias catastróficas (con vivencias de amputaciones corporales y agonías primitivas), que parecen estar en juego en el desarrollo de ciertas organizaciones estructurales autistas, y las depresiones tempranas, probablemente un poco más tardías y de las que el niño puede emerger utilizando mecanismos autistas como una cicatriz residual, lo que no compromete en absoluto un pronóstico tan sombrío como el propio autismo infantil. Se trata de un tema delicado y que, lamentablemente, no ha sido tenido en cuenta en absoluto en el trabajo de la Agencia Nacional de Acreditación y Evaluación Sanitaria (ANAES), realizado bajo la tutela de la Alta Autoridad Sanitaria (HAS), en la elaboración de recomendaciones de buenas prácticas para la detección y el diagnóstico precoz del autismo.

Una última palabra antes de concluir aquí: estos mecanismos autistas postdepresivos que acabo de mencionar también pueden observarse transitoriamente en niños con discapacidades sensoriales o patologías neurológicas, situaciones que a veces les dificultan profundamente el establecimiento de sus relaciones. Estos mecanismos autistas adicionales requieren una atención especial para prevenir un enquistamiento autista.

CUARTA PARTE

Ayudar a los niños autistas y a sus familias. Alegato por una atención integrada

Nos gustaría que los espíritus vuelvan a sus cabales. Recientemente hemos vivido una gran tensión en torno a la atención de los niños autistas, y la experiencia demuestra que nadie gana, y sobre todo los niños autistas. La lucha contra el psicoanálisis en el autismo no sólo es injusta, sino que puede enmascarar un problema mucho más real, a saber, la falta de recursos financieros actualmente asignados por el Estado a esta área particular de la patología. No nos equivoquemos de enemigo. Además, la lucha contra el psicoanálisis es en realidad una lucha mucho más amplia que se dirige, ni más ni menos, que al cuidado y la atención psíquica en su conjunto.

Capítulo 1

Diagnóstico, detección y evaluación. Mitos y realidades

Tengo el privilegio de trabajar en un centro hospitalario universitario (CHU) y veo que, en general, los CHU están siendo orientados con vigor hacia la evaluación en detrimento de la atención. En este punto, debemos estar muy atentos: la evaluación es importante, la detección y el diagnóstico precoz, por supuesto, también lo son, pero ningún servicio hospitalario u hospitalo-universitario está diseñado para dedicarse unicamente a la evaluación.

Sería una tentación muy peligrosa querer dejar la atención a otros. La atención y la evaluación deben articularse de forma inseparable. No hacemos la evaluación por la evaluación: hacemos la evaluación para poder luego elegir las orientaciones terapéuticas y organizar las estrategias de atención. Uno no va sin el otro.

Lo mismo ocurre con la investigación, cuyo papel obviamente crucial no se discute. Sin embargo, incluso dentro de un hospital universitario, los pacientes, los niños no pueden considerarse únicamente como oportunidades para la investigación. Son seres humanos que sufren y a los que también hay que atender, incluso en lugares altamente especializados.

Las diferentes situaciones de alerta

Aunque los padres a veces desde los 18 meses[34] observan dificultades que sugieren un trastorno generalizado del desarrollo, a menudo es la escolarización del niño en el jardín de infantes la que sirve de hecho revelador. El retraimiento, la ausencia frecuente de lenguaje, o incluso la presencia de manifestaciones de angustia o de actividades repetitivas, son obstáculos para la integración del niño en la escuela, lo que llevará al educador a hablar con los padres. El primer interlocutor médico de estos padres desamparados suele ser el pediatra o el médico de familia. Su rol es determinante, no para hacer un diagnóstico, sino para reconocer la realidad de las dificultades que presenta el niño y orientarlo a las estructuras adecuadas para la evaluación diagnóstica y el tratamiento.

Si bien es importante no banalizar la situación a toda costa, lo que podría retrasar el acceso al diagnóstico y la atención y dejaría a los padres solos en su desamparo, es esencial movilizar a las familias lo más rápido posible sin dramatizar la situación.

En general, se reconocen dos tipos de situaciones diferentes:

- *En la primera situación*, los padres describen a un bebé demasiado tranquilo desde el primer año, que parece indiferente a la presencia de sus padres, que se alegra de estar solo, que no inicia la interacción con la mirada o con vocalizaciones, que no responde a su nombre y que no utiliza gestos simbólicos como señalar o tender los brazos al otro para ser alzado. Esta tendencia al aislamiento se acentúa en el segundo y tercer año, pero los padres pudieron adaptarse en parte a este déficit relacional sin ser realmente conscientes de su carácter patológico.

---

34. En la actualidad, la edad media de la primera preocupación consciente de los padres es, en Francia, a los 19 meses (un poco menos si los signos de retraso psicomotor se asocian a los signos de autismo propiamente dichos), pero desgraciadamente sigue habiendo un cierto lapso de tiempo antes de que se produzca la primera consulta y se haga un diagnóstico preciso, lo cual es muy perjudicial. En cualquier caso, no se puede excluir que los padres, y en particular la madre, tengan una especie de sensibilidad inconsciente a las primeras dificultades relacionales de su hijo, desde el primer año de vida del niño (véase p. 117).

- *En la segunda situación*, los padres describen un cambio en el comportamiento de su hijo en torno a los 18 meses de edad, con la aparición de conductas de retraimiento, el cese del balbuceo o de las verbalizaciones iniciales, la ausencia de desarrollo de juegos de imitación y de la imaginación, y a veces la aparición de trastornos del sueño o de la alimentación.

A los 3 años, los síntomas autistas ya están bien establecidos y se dividen en tres áreas distintas.

1. *El dominio de las interacciones sociales*: el niño establece poco o ningún contacto visual; su rostro es poco expresivo; no utiliza gestos simbólicos para hacerse entender o para llamar la atención de los demás, como el señalamiento protodeclarativo[35] hacia una persona u objeto que le interesa, en atención conjunta con el otro. Por otro lado, puede tomar a sus padres de la mano y utilizarlos como una extensión de sí mismo para conseguir lo que quiere, si no puede conseguirlo por sí mismo. En el aula, el niño ignorará a los demás o rechazará activamente su acercamiento, prefiriendo aislarse.
2. *El área de la comunicación verbal y no verbal*: el niño a menudo no tiene ningún lenguaje verbal, no utilizan gesto o expresiones faciales para hacerse entender, y parece indiferente cuando se le habla. A veces pueden desarrollar una jerga que no está dirigida a la otra persona. Su lenguaje se desarrolla la mayoría de las veces de forma anárquica, algunas frases pueden repetirse de forma perfectamente articulada, con ecolalia inmediata o diferida, sin voluntad de intercambio. El uso de los pronombres es tardío y a menudo se caracteriza por la inversión pronominal. El niño a veces dice "tú" o "él" en lugar de "yo", o utiliza su nombre de pila cuando habla de sí mismo (transitivismo). Por último, no desarrolla juegos de imitación o de "como si", solo o con el otro, lo que refleja el fracaso del acceso a lo simbólico.

---

35. Existen varios tipos de señalamiento en los niños pequeños: el nominativo para nombrar un objeto o pedir su nombre, el imperativo para pedir tal o cual objeto, y por último, el señalamiento protodeclarativo para mostrar al adulto que le está mostrando un objeto que le interesa, este último parece posible a partir de los 15 meses.

3. Por último, está el *área de los comportamientos y actividades* que parecen ser repetitivos y estereotipados: pueden estar presentes desde el principio o desarrollarse de forma secundaria. Pueden ser, por ejemplo, el manejo repetido de una cuerda o de las ruedas de los autitos, o un interés predominante o incluso exclusivo por las letras y los números. Es difícil detener estos comportamientos sin desencadenar una crisis de angustia o de enojo, por lo que los padres a veces renuncian a intervenir. Los niños tienden a ritualizar la vida cotidiana y se niegan a aceptar cualquier cambio generador de angustia. Insisten en utilizar el mismo camino cuando salen, en comer los mismos alimentos, en utilizar los mismos objetos, en congelar el tiempo en una forma de inmutabilidad. También hay una forma particular de explorar el entorno privilegiando un canal sensorial específico: el niño palpará o acariciará objetos y personas, buscará sensaciones visuales particulares jugando con la luz o acercándose mucho a los objetos con una mirada lateral... Por último, en cuanto a la motricidad, los niños pueden presentar manierismos y estereotipias motrices, sobre todo en momentos de excitación, de angustia o de desidia. Pueden ser movimientos como los de las alas de las mariposas, movimientos de los dedos o de las manos, pero también movimientos de todo el cuerpo, sobre todo de rotación.

Ante esta sintomatología, es importante, en primer lugar, reconocer que existe un problema que va más allá de las simples manifestaciones características y explicar a los padres la importancia del asesoramiento especializado. Se puede obtener en centros especializados como los Centros de Acción Médica y Social Temprana (CAMSP), que atienden a los niños con patologías que causan discapacidad hasta los 6 años, los Centros Médico-Psicológicos (CMP), que forman parte del sector de la psiquiatría infantil, o los Centros Médico-Psico-Pedagógicos (CMPP), adscritos a los municipios. En los casos de ausencia de una estructura cercana o en caso de periodos de espera excesivamente largos para la consulta, el niño puede ser derivado de forma privada a un/a fonoaudiólogo/a o a un/a psicomotricista.

Paralelamente, a iniciativa de la estructura asistencial o del médico que le atiende, el niño y la familia pueden ser remitidos a un Centro de Recursos para el Autismo (CRA) para una evaluación diagnóstica (véase p. 143 y ss.). Estos centros están presentes en todas las regiones de Francia y están a disposición de los profesionales y las familias para informarlos y orientarlos; también cuentan con una o varias unidades de evaluación. Los objetivos de la evaluación son establecer un diagnóstico nosográfico, funcional y, si es posible, etiológico, y prever las mejores estrategias de atención y modalidades de escolarización. La Haute Autorité de Santé (HAS) ha publicado recomendaciones sobre las modalidades del triple diagnóstico nosográfico, funcional y etiológico (véase p. 147 y ss.; véase también el Anexo 2 para una revisión de las diferentes herramientas disponibles actualmente para la detección y el diagnóstico).

Breve historia de la detección clínica temprana

Ya en 1943, Kanner describió una serie de signos muy tempranos del autismo infantil, detectables ya en el primer año de vida del niño. El siguiente cuadro resume los signos precoces que reunió a partir de los once casos de su comunicación original.

1) **Falla de actitud anticipatoria**
   La actitud anticipatoria es el movimiento de tender los brazos que hace el bebé cuando te inclinas hacia él. Se ha descrito en bebés a partir de los 4 meses de edad (Gesell, 1949).
2) **Falla en el ajuste postural**
   El ajuste postural, perceptible a partir del cuarto mes, corresponde al ajuste tónico del niño al cuerpo del adulto que lo porta. El bebé con riesgo de autismo no muestra este ajuste, y el adulto que lo lleva lo siente como un muñeco de trapo.
3) **Trastornos alimentarios**
   Dificultad para mamar, vómitos y anorexia.
4) **Trastornos del comportamiento**
   Inactividad, ralentización, comportamientos repetitivos.
5) **Retraimiento e indiferencia hacia el mundo exterior**

Posteriormente, se identificaron muchos signos que podían agruparse en las 10 categorías siguientes:

- *Trastornos de las conductas sociales no lingüísticas*
  Falla en la actitud anticipatoria
  Falla en el ajuste postural
  Aversión al contacto corporal
  Falta de atención conjunta
  Falta de señalamiento
  Falta de juego del "como si"
- *Trastornos del pre-lenguaje*
  Falta de lalación
  Balbuceo monótono
  Vocalizaciones idiosincrásicas
- *Retraso y anomalías en el desarrollo psicomotor*
  Distonía
  Mal control postural
  Pérdida temporaria de adquisiciones
- *Ausencia de los dos primeros organizadores de R. Spitz*[36]
  Ausencia o rareza de la sonrisa social
  Ausencia de angustia ante el rostro del desconocido
- *Trastornos perceptivos de la conducta*
  Falta de contacto ojo a ojo
  Evitamiento activo de la mirada
  Fascinación por sus manos
  Impresión de sordera
  Reacciones paradójicas al ruido
- *Trastornos del comportamiento*
  Retraimiento, indiferencia al mundo exterior
  Falta de interés por los juguetes
  Inactividad, ralentización
  Comportamientos repetitivos

---

36. R. Spitz (1979) describió tres comportamientos cuya aparición atestigua la transición del niño de un nivel de organización a otro: la aparición de la sonrisa social a las 6 u 8 semanas de edad, que atestigua la adquisición por parte del bebé de la identificación del rostro del adulto; la angustia del extraño a los 8 meses de edad, que atestigua la diferencia que el bebé puede establecer ahora entre los rostros familiares y los desconocidos; por último, la adquisición del "no" durante el segundo año de vida.

Movimientos estereotipados
Manipulación extraña de objetos (objetos autistas[37])
Gritos, enojos, autoagresión

- *Trastornos funcionales*
  Dificultad para mamar
  Vómitos
  Anorexia muy temprana
  Mericismo (conductas de rumiación de los alimentos)
  Insomnio agitado o tranquilo

- *Fobias tempranas y atípicas*
  Fobia a los ruidos domésticos, por ejemplo

- *Conductas de "enganche"*

- *Conductas de desmantelamiento*
  Clivaje de las percepciones según los diferentes canales sensoriales para favorecer una percepción monosensorial

Estos diferentes signos de alerta se encuentran en parte en la escala de detección (ACR-N o Escala de Comportamiento Autista en Recién Nacidos) desarrollada por el equipo de Tours y el Dr. Sauvage.

Más recientemente, se ha propuesto el CHAT (Checklist for Autism in Toddlers) como herramienta de detección clínica del riesgo de autismo. Utilizando esta herramienta de evaluación estandarizada aplicable a los niños a partir de los 18 meses, Baron-Cohen y su equipo (1996) examinaron longitudinalmente una cohorte de niños en riesgo. Demostraron el valor predictivo de tres síntomas: la falta de atención conjunta (es decir, la capacidad de mirar hacia donde el adulto mira con placer o interés), la falta de señalamiento protodeclarativo (ver nota 35 p. 109) y la falta de juegos de "como si" (por ejemplo, jugar a servir un café). Según los resultados publicados, si un niño de 18 meses

37. F. Tustin (1982, 1986) ha demostrado que, a diferencia del oso de peluche, que permite a los niños que se desenvuelven bien establecer un espacio de distancia sin desgarro entre ellos y su madre, los niños autistas recurren a menudo a pequeños objetos duros de los que les resulta difícil desprenderse y que utilizan, de hecho, para negar la diferenciación y el distanciamiento psíquicos con el adulto.

fracasa en los tres ítems, tiene un riesgo aproximado del 80% de ser autista a los 3 años; si solo fracasa en dos de los tres ítems, tiene un riesgo del 80% no de ser autista, sino de presentar un retraso en el desarrollo a los 3 años. Este estudio muestra el valor predictivo de algunos de estos signos, que pueden identificarse ya a los 18 meses de edad o incluso antes.

Luego de este trabajo, varios equipos han comenzado a trabajar para desarrollar un equivalente del CHAT para el primer año de vida, pero las dificultades parecen considerables.

En cuanto al CHAT en sí, si bien es una herramienta que identifica satisfactoriamente el funcionamiento autista y solo el funcionamiento autista (especificidad de la prueba), no identifica a todos los niños con autismo (su sensibilidad solo sería de alrededor del 38%), de ahí la posibilidad de un gran número de falsos negativos. El interés de esta herramienta debe vincularse a la "teoría de la mente" (U. Frith, 1992), que ha sido objeto de gran debate en los últimos años. El concepto de "teoría de la mente" se refiere al hecho de que un niño, para poder verse a sí mismo como un sujeto diferente de los demás, debe ser capaz de acceder a la idea de que la otra persona es susceptible de tener proyectos, intenciones y deseos diferentes de los suyos. Esto no se lograría hasta alrededor de los tres años, y es en lo que los niños autistas tropezarían fundamentalmente. Es evidente que los tres ítems claves del CHAT exploran de alguna manera esta capacidad del niño, ya que interesarse en lo que mira el otro (atención conjunta), mostrarle al otro que algo le interesa (señalamiento protodeclarativo) y jugar a servir un café[38] (juegos de "como si") presuponen básicamente que el niño es capaz de tener en cuenta el funcionamiento psíquico del otro de la relación.

En cualquier caso, ahora tenemos un conocimiento cada vez más fino de la expresión temprana de una patología autista o de una sospecha de riesgo autista. Es innegable que este mejor conocimiento de la semiología precoz del autismo representa un progreso significativo que permite, sean cuales sean las etiologías

38. Sobre todo si se trata de jugar a preparar una bebida para adultos (té o café, según el país), como ha señalado M.-C. Laznik-Penot (1999), porque en este caso el niño juega a complacer al otro y no a sí mismo, lo que remite a lo que los psicoanalistas denominan el "tercer tiempo de la pulsión".

consideradas, identificar mejor a los niños de riesgo y ofrecerles una atención terapéutica, pedagógica y educativa adaptada lo antes posible. De este modo, se ayuda a los niños y a los padres a escapar de lo que J. Hochmann ha llamado el "proceso autistisante" (véase p. 116).

¿Pero es posible afirmar un diagnóstico de autismo antes de los 30 meses? Es innegable que es posible en ciertos casos que reúnan, mucho antes de esa edad, todos los elementos clínicos del síndrome autista. Sin embargo, la mayoría de las veces, el cuadro es incompleto o fluctuante, y no podemos descartar ni una simple crisis progresiva en el desarrollo del niño que podría no tener consecuencias, ni un síndrome depresivo precoz, un estado de deficiencia emocional o un retraso mental ligado a un trastorno cerebral. Por lo tanto, es más prudente referirse a los niños hasta esa edad como "niños con riesgo de autismo". Carel (2008) sugirió el "síndrome de evitamiento relacional" en lugar de hacer prematuramente un diagnóstico de tan graves consecuencias como el "autismo".

Desde el punto de vista psicopatológico, independientemente de la o las etillogía(s) del autismo, la cuestión sigue siendo qué significado podemos darle a estas manifestaciones tempranas del autismo infantil y, en el estado actual de las cosas, solo la exploración psicopatológica de estos síndromes puede informarnos sobre este punto esencial. Es en el marco de esta reflexión que se plantea la cuestión de la distinción entre auténticas estructuras autistas y simples mecanismos autistas que pueden recubrir temporalmente una patología de otra naturaleza –depresiva o neuropediátrica, por ejemplo (véase p. 101 y ss.)–.

Un diagnóstico complejo

Llegados a este punto de nuestra reflexión, y dado el avance de los trabajos de investigación, considero importante aclarar una serie de conceptos fundamentales para comprender mejor el autismo infantil.

La cuestión de las enfermedades asociadas

En la actualidad, se distingue entre el autismo sindrómico y el denominado "no sindrómico", según que el cuadro de autismo sea aislado o esté asociado a signos pertenecientes a otras patologías (neurológicas o genéticas, en particular). Se estima que el 80% de los autismos son no sindrómicos en el estado actual de los conocimientos, mientras que el 20% serían sindrómicos. Sin embargo, hoy en día sigue siendo muy difícil determinar el rol de las enfermedades somáticas asociadas en el origen del cuadro autista, en la medida en que faltan los eslabones explicativos intermedios y que no todos los niños que presentan estas patologías somáticas son autistas (véase p. 157 y ss.). Actualmente se piensa que estos trastornos somáticos orgánicos asociados son más un factor de riesgo primario que una causa en el sentido estricto del término.

El periodo de plasticidad inicial y el concepto de proceso autistisante

Durante mucho tiempo se ha debatido sobre la necesidad de distinguir entre el autismo primario y el llamado autismo "secundario", es decir, el que se exterioriza tras un periodo inicial de desarrollo normal. La cuestión es difícil, porque se oscurece en dos sentidos: por un lado, puede pensarse que han pasado desapercibidos pequeños signos de alerta, demasiado pequeños para ser detectados o que aún no figuran en la lista, con lo cual se corre el riesgo de hablar erróneamente de autismo secundario; por otro lado, y a la inversa, puede considerarse que una negación por parte de los padres, o incluso de los profesionales (pediatras, en particular), ha llevado a una reconstrucción idealizada de una historia temprana que ya era patológica. Bajo el término de "procesos autistisantes", Hochmann quiso indicar que, antes del enquistamiento autista, habría probablemente un primer período durante el cual la situación clínica es todavía muy plástica, es decir, aún no fija, sea cual sea la etiología (genética, cognitiva, relacional o mixta). Es entonces cuando las primeras disfunciones interactivas vendrían a perturbar la adecuación de las respuestas interactivas del otro con la posible instauración, muy rápidamente, de un círculo vicioso con mayor vocación autoagravante.

Así, en este modelo, que hace del autismo infantil un trastorno de la interacción, es irrelevante si el trastorno primario está más del lado del niño o más del lado del adulto, lo que hace obsoleta cualquier discusión sobre la búsqueda de posibles culpables. Lo único que realmente importa es que la espiral interactiva se deforma rápidamente y queda en espera; también importa la rapidez con la que se lleve a cabo la intervención terapéutica, porque es mucho más fácil detener el proceso durante este periodo de plasticidad inicial antes que los trastornos se cristalicen que hacer que los trastornos retrocedan una vez que las dificultades ya estén instaladas.

Los trabajos de Pisa ilustran concretamene esta hipótesis, a la que dan una especie de demostración experimental ya que a través del análisis retrospectivo de las películas caseras, F. Muratori y S. Maestro (2002, 2005) han puesto en evidencia que, contrariamente a lo que se pensaba, los niños que se han convertido en autistas muestran primero habilidades que se desarrollan en las tres áreas principales de la comunicación, la socialización y la proto-simbolización. Sin embargo, a diferencia de lo que ocurre con los niños "sanos", durante los primeros 18 meses de vida, estas habilidades no se desarrollan de forma gradual, homogénea y lineal sino, por el contrario, de manera muy irregular, con picos ascendentes, hasta el momento del "desenganche" y la exteriorización más o menos brutal de la patología. Un poco como si un cierto equilibrio se rompiera por una especie de agotamiento.

Estos datos son extremadamente importantes por al menos tres razones. En primer lugar, demuestran que, en los bebés, nunca se puede afirmar el riesgo autista tras un único encuentro, lo que puede ser engañoso, y que hay que prestar atención a la variabilidad de las capacidades. Además, estos resultados relativizan en gran medida la distinción, tal vez un poco engañosa, entre autismo primario y secundario en favor de la noción de autismo progresivo o regresivo, que es totalmente congruente con el concepto de proceso autistisante. Por último, abren una vía a la prevención, que sabemos que siempre es, pero particularmente en el ámbito del autismo, mucho más legítima y ética que la predicción con sus efectos secundarios a veces catastróficos.

Estos investigadores italianos también han demostrado, a partir de las mismas películas caseras, que el primer signo de alerta de riesgo autista, a partir de los primeros 12 meses de vida, es una conducta materna sobreestimulante del niño (a veces denominada intrusividad materna). Esto no significa en absoluto que este comportamiento materno tenga responsabilidad alguna en la organización del funcionamiento autista del niño, sino solo que la madre es probablemente la que primero, antes que nadie, percibe las dificultades de su hijo para entrar realmente en la relación y que, en consecuencia, lo "buscará" activamente para evitar que se empantane en el retraimiento. Por supuesto, toda esta dinámica interactiva se desarrolla generalmente de forma no consciente, sin que los mismos protagonistas lo sepan.

Sobre el transitivismo

Que la inmensa mayoría de los niños se las arreglen para hablar de sí mismos diciendo "yo", mientras que nosotros decimos "tú" cuando les hablamos y "él" o "ella" cuando hablamos de ellos, ¡no debería dejar de sorprendernos! Los niños autistas, en cambio, no lo logran, lo que se entiende fácilmente a la luz de lo que hemos visto sobre el acceso a la intersubjetividad y la subjetivación (ver p. 40).

Poder decir "yo" supone, por un lado, ser capaz de percibirse como un individuo distinto del otro (intersubjetividad) y, por otro lado, ser capaz de percibir que el otro, el objeto que descubro, es a su vez un sujeto que habla de mí como su objeto, mientras que, por mi parte, soy un sujeto que habla de sí mismo en primera persona (subjetivación). En otras palabras, el transitivismo atestigua una adhesión al punto de vista del otro, mientras que la subjetivación es una especularización de la posición del sujeto.

La noción de plataforma de vulnerabilidad y el concepto de niños-que-nos-necesitan

Antes de la edad de un año, sería muy poco inteligente decir con certeza que tal o cual niño está, con seguridad, comprometido en la organización de un funcionamiento autista. No se trata en absoluto de ocultar ninguna información a los padres, que sin duda tienen derecho a saber lo que pensamos de su hijo, sino de movilizarlos sin dramatizar y, sobre todo, de decir sólo lo que sabemos, sin encerrar a nadie en pretensiones de certezas que conllevan una verdadera amenaza iatrogénica. Las recomendaciones de la ANAES son muy acertadas y firmes en este punto, ya que recomiendan la máxima precaución en el uso del término "autismo" antes de los 2 años.

No es el diagnóstico de autismo lo que crea el autismo, por supuesto, pero ese diagnóstico aterra a los padres en nuestro contexto sociocultural actual; como resultado, existe un gran riesgo de que pierdan sus recursos creativos y adaptativos al pensar en el destino de su hijo desde la perspectiva de una fatalidad infranqueable. Hablar del autismo demasiado temprano agrava la situación y corremos el riesgo no de crear, sino de reforzar el riesgo de lo que tememos.

Tal vez haya que tener la modestia de saber identificar, en los niños menores de 2 años, no un riesgo autista, sino una especie de plataforma de vulnerabilidad a partir de la cual todavía pueden jugarse destinos psicológicos o psicopatológicos muy diferentes (evolución hacia un déficit, un TGD no autístico, una disarmonía evolutiva e incluso a veces una cierta normalización). Esto es así siempre y cuando no carguemos con el fantasma de la inevitabilidad del autismo al niño y a sus padres, y que dejemos un lugar importante a los efectos del encuentro, imprevisibles por definición.

Antes de la edad de un año, hay, en mi opinión, un diagnóstico muy bello y muy útil, que es el de "niños-que-nos-necesitan". Si, antes de esta edad, pudiéramos identificar y ayudar a todos los "niños-que-nos-necesitan" a entrar en la relación, esto ya sería un éxito considerable, sea cual sea la naturaleza de sus dificultades (autista, depresiva, neurológica, sensorial o de otro tipo), y más aun porque para esta edad nuestras modalidades de intervención, por muy eficaces que sean, todavía no son extremadamente específicas, hay que reconocerlo.

Los padres de niños con dificultades en la relación nos exigen que les digamos, lo antes posible, si es o no autismo, si es o no un trastorno generalizado del desarrollo. Eso es legítimo. Sin embargo, solo podemos afirmar lo que sabemos con certeza, y debemos resistir a la tentación de un diagnóstico demasiado precoz. A veces pensamos que poner palabras a las cosas tranquilizaría a los padres, pero ¿qué palabras y para qué? Un autismo claramente constituido exige medidas específicas, y la cuestión del diagnóstico queda entonces clara. Los trastornos relacionales tempranos no siempre son de naturaleza preautística, y la cuestión es entonces más compleja. Tenemos que encontrar las palabras adecuadas que dejen abierto el devenir del niño. No se trata de ocultar la realidad a los padres, sino de dejar la mayor libertad de desarrollo posible a su hijo.

Por una detección precoz

Quisiera subrayar la necesaria preocupación ética esencial en la detección precoz de los niños autistas o en riesgo de evolución autista, que presupone una formación especial del personal implicado, y también destacar la importancia de desarrollar métodos de intervención terapéuticos precoces cuya eficacia parece cada vez más segura. No son los psiquiatras infantiles los primeros en contacto con los niños con riesgo de autismo, sino los pediatras y todo el personal presente en los distintos lugares de vida y de cuidado de los niños más pequeños (guarderías, centros de día, centros de protección materno-infantil, cuidadoras autorizadas, auxiliares de guardería, etc.). Por lo tanto, todas estas personas (así como los estudiantes de medicina) deben ser informadas progresivamente y sensibilizadas incansablemente sobre la cuestión de la detección precoz de los trastornos autistas[39]. El objetivo central, repitámoslo, es la prevención y no la predicción, cuyas consecuencias pueden ser muy perjudiciales.

En general, y no me canso de repetirlo, cuanto más aumentan las posibilidades de detección precoz, más hay que pensar en una formación especial y específica en la ética del manejo de la información recogida por las nuevas técnicas de detección. Los signos de detección precoz quedan desatendidos si los profe-

39. En este sentido, se destaca el trabajo de la asociación Pré-Aut en torno a M.-C. Laznik y G. Crespin, que ya ha cambiado considerablemente la situación.

sionales concernidos no admiten que un bebé, aunque sea muy pequeño, puede estar ya muy enfermo. Evidentemente, esta idea nos choca, pero si no la integramos, corremos el riesgo de asociarnos a la muy comprensible negación de los padres que quieren, al menos inicialmente, evitar el sufrimiento asociado a la toma de conciencia de una situación cuya gravedad a menudo ya intuyen.

Capítulo 2
El derecho absoluto e indiscutible a la escolarización

Los niños autistas deben ir a la escuela, y nos solidarizamos plenamente con los padres que exigen que se aplique efectivamente la ley del año 2005 sobre la integración de los niños discapacitados y autistas en las escuelas.

Lamentablemente, aún estamos muy lejos de ese objetivo.

En 2008, en el Dictamen nº 102 del Consejo Nacional Consultivo de Ética para las Ciencias de la Vida y la Salud, sobre "la situación en Francia de las personas, niños y adultos, con autismo", J.-C. Ameisen subrayó que los ciudadanos tienen "derecho a la ley" y que es necesario garantizar que la ley sobre la integración escolar de los niños autistas se haga efectiva y no sea "letra muerta". En efecto, los padres necesitan que su hijo sea acogido durante todo el día por personas competentes, porque un niño autista lo es permanentemente, y no sólo cinco o seis veces por semana, durante las distintas sesiones de ayuda que se le ofrecen (fonoaudiología, psicomotricidad, psicoterapia, etc.). Sin embargo, en la actualidad, poner a un niño autista en clase sigue siendo muy difícil e incluso arriesgado (riesgo de aumentar las angustias del niño autista inmerso en un grupo numeroso), porque las clases están masificadas y porque los maestros y los maestros integradores (auxiliares de la vida escolar –AVS–) todavía no están suficientemente formados en las particularidades pedagógicas necesarias para los niños autistas.

Ese es el verdadero escándalo.

Esta situación es evidentemente válida para las clases generales, pero también lo es, por desgracia, para las CLIS (clases de inclusión escolar). Contrariamente a sus compromisos, el Estado se retira progresivamente de la formación de los maestros y de los AVS, lo que lleva a las familias más ricas a contratar ellos mismos AVS privados, lo que no deja de plantear graves problemas de ética democrática. ¿Será pronto necesario ser rico para ser autista? Se trata de una batalla esencial y urgente que hay que librar. Además, si los niños autistas fueran acogidos en las aulas en buenas condiciones, es muy probable que muchos conflictos entre padres y profesionales en relación con la atención especializada (educativa, rehabilitadora o psicoterapéutica) quedarían, ipso facto, apaciguados. En las condiciones actuales, los psiquiatras infantiles, los psicólogos y los psicoanalistas heredan un cierto resentimiento por parte de las familias, que debería, me parece, dirigirse principalmente a las carencias y las fallas de la Educación Nacional en este ámbito concreto.

Una vez que el niño autista está escolarizado, el siguiente paso es ofrecerle una atención multidimensional (véase p. 131 y ss.) en forma de trípode básico:

- ayuda educativa[40];
- ayuda reeducativa, que siempre es necesaria en algún momento (reeducación fonoaudiológica y psicomotriz especializada, en particular);
- ayuda psicoterapéutica, finalmente.

Hoy en día, ningún psicoanalista razonable se opone a las medidas educativas que pueden ayudar en gran medida a un niño autista a aumentar sus habilidades sociales, siempre y cuando estas medidas de apoyo no se conviertan en algo abrumador, no monopolicen todo el día del niño, no lo confronten a un número excesivo y cambiante de profesionales y que no encierren a los

---

40. Por ejemplo, de tipo ABA (applied behavioral analysis), PECS (pictures exchange communication system ou système de communication par échange d'images), 3i (méthode de stimulation individualisée, intensive et interactive) o TEACCH (treatment and education of autistic and related communication handicapped children).

padres en un papel de colaboradores técnicos en detrimento de la tan importante espontaneidad emocional que aportan a su hijo.

Pero sobre todo, y lo repito, un niño autista debe ir a la escuela; algunos aspectos de estos diversos métodos educativos podrían formar parte, de forma muy útil, de la formación de los maestros y de los AVS, pero también de todas las personas que acompañan al niño autista en su vida diaria (niñeras, por ejemplo). Si el niño no va a la escuela, por fuera de los raros casos en que la escolarización es impensable por la gravedad de su situación, todas las demás respuestas sólo pueden parecer irrisorias. Y las respuestas irrisorias son peores que la falta de respuesta, ya que son necesariamente vividas como una afrenta por las familias. Es esta dimensión de afrenta la que está envenenando el ambiente en nuestro país hoy en día en lo que a tratamiento del autismo se refiere.

Capítulo 3
Los diferentes tipos de atención y la cuestión de su evaluación

Desde su descripción inicial por Leo Kanner en 1943, el tratamiento del autismo ha dado lugar a muchas controversias, oponiendo de forma caricaturesca los enfoques educativos y los psicoterapéuticos. Estas controversias siempre se basaron en teorías etiológicas subyacentes, enfrentando las hipótesis psicogenéticas y organogenéticas. Sin embargo, los datos más recientes de la investigación científica subrayan la naturaleza polifactorial del autismo y los trastornos relacionados, agrupados bajo el término "trastornos generalizados del desarrollo". Así, los factores primarios (especialmente los genéticos) se asocian a los secundarios, según una ecuación que difiere para cada paciente, determinando cuadros clínicos finamente muy heterogéneos (véase el Anexo 1).

En Francia, la coexistencia de diferentes concepciones del autismo dentro de un sistema de atención formado por estructuras heterogéneas, más o menos especializadas en la atención de los sujetos autistas, es propicia para alimentar violentas polémicas. En este contexto, desde hace unos diez años se han creado Centros de Recursos para el Autismo en cada región de Francia (véase p. 143).

Para empezar, hay que recordar que, debido a la heterogeneidad de los trastornos generalizados del desarrollo y del autismo, no existe una atención "estándar" para el autismo. Por el contrario, se están tratando de aplicar, de forma coherente y coordinada, herramientas educativas, reeducativas y terapéuticas según un proyecto personalizado definido para cada niño según el análisis funcional de sus dificultades y habilidades. El proyecto terapéutico individualizado así definido deberá evolucionar en función de la evolución del niño y de sus necesidades.

Los objetivos terapéuticos son promover el desarrollo del niño y su participación social, su autonomía, su independencia y sus habilidades adaptativas, reducir los obstáculos ambientales que aumentan la situación de discapacidad y contribuir al bienestar y al desarrollo personal del niño. En la actualidad, ninguna modalidad de atención puede pretender curar el autismo por sí sola, aunque sea posible lograr mejoras espectaculares.

Volveré más adelante sobre las recomendaciones de la Alta Autoridad Sanitaria en este ámbito (véase p. 147 y ss.); aquí, me gustaría subrayar el hecho de que existen diversos enfoques educativos, reeducativos y psicoterapéuticos específicos para el autismo, así como diversos dispositivos institucionales y profesionales susceptibles de aplicarlos. También está claro que los límites entre estas diferentes modalidades no son siempre completamente claros, aunque las técnicas sean diferentes. Existen muchas modalidades diferentes para el tratamiento del autismo y los trastornos generalizados del desarrollo (véase en el Anexo 3 una presentación de los principales enfoques conductuales, psicoterapéuticos y reeducativos).

La evaluación de las estrategias de atención es compleja porque los trastornos son heterogéneos y porque evolucionan en el curso del desarrollo independientemente de cualquier intervención terapéutica. Por último, es difícil medir el efecto de una intervención, ya que la mayoría de las veces se combinan varias modalidades terapéuticas, con un esquema variable para cada niño, y también porque la evaluación de estas estrategias está sujeta a numerosas influencias sociales y a diversos sesgos metodológicos.

Es importante destacar que, aunque no exista un plan de tratamiento inequívoco, el establecimiento de una atención adecuada aporta beneficios innegables a los niños con autismo y trastornos generalizados del desarrollo. Debe instaurarse lo antes posible, de forma suficientemente intensiva, por profesionales competentes y específicamente formados, en función de las necesidades de cada niño y de las posibilidades de cada familia, liberándose de posiciones dogmáticas que sólo están al servicio de la pasión de los profesionales, en detrimento de los propios pacientes.

La reciente publicación de las recomendaciones relativas a la atención de los pacientes con autismo por parte de la Alta Autoridad de Salud, si bien ofrece indicaciones interesantes, también plantea la cuestión de los recursos dedicados a la aplicación de estas recomendaciones y al desarrollo de la investigación en este ámbito (véase p. 147 ss.).

En cualquier caso, no hay que olvidar que el destino de los niños autistas ha cambiado considerablemente en Francia en los últimos treinta o cuarenta años gracias a una detección cada vez más precoz y a la eficacia del enfoque multidimensional. En los años 70, el 80% de los niños autistas progresaban inexorablemente hacia un déficit intelectual grave. Ya no estamos allí. Aunque queda mucho por hacer, lo que queda por hacer solo se hará si se establece un mínimo de respeto mutuo entre las familias y los distintos profesionales implicados en esta difícil lucha. Las batallas ideológicas son estériles, solo reflejan la tendencia al clivaje propia del autismo; solo consiguen, en realidad, enmascarar el problema crucial de la falta de medios, especialmente financieros, concedidos a esta gran causa médica y humana.

Capítulo 4
Por un tratamiento multidimensional

La atención psíquica debe integrarse en la escolarización del niño, pero también en métodos educativos o reeducativos especializados. El problema debe ser abordado por todas las puertas de entrada posibles, y esto, repito, en el marco de un modelo polifactorial donde los factores primarios son sólo factores de vulnerabilidad y los secundarios son factores de organización, de enquistamiento, de cristalización o de fijación.

En la actualidad, este modelo aún no está completamente dilucidado, y por más psicoanalistas que seamos, sabemos muy bien que existe una vulnerabilidad genética del autismo infantil. Muchos padres quieren referirse al autismo como un "trastorno del neurodesarrollo", y muchos profesionales los siguen en este terreno. Sin embargo, no estoy seguro de que el término "neurodesarrollo" sea tan claro, porque para muchos, el término evoca la idea de una causa puramente endógena. Sigo creyendo, junto con otros, que el autismo infantil no es un trastorno endógeno puro: se basa en vulnerabilidades innegables en el niño, pero el círculo infernal del autismo se pone en marcha en el marco de las interacciones precoces. Las respuestas del entorno, las respuestas adecuadas o inadecuadas del entorno –y es muy fácil ser inadecuado con un niño que no se involucra en la relación– participan en el establecimiento progresivo del autismo en los primeros meses o años de vida, aunque no generen el problema ex nihilo.

Aprovecho la ocasión para reiterar aquí que, en materia de tratamientos, no creo que podamos esperar iniciar una atención específica durante los seis primeros meses de vida, por diversas razones (véase p. 115 y ss.). De esta realidad surgen varios puntos importantes de reflexión.

¿Qué podemos hacer durante el primer año de vida?

En mi opinión, en el primer año de vida podemos identificar lo que he llamado "los-niños-que-nos-necesitan", ¡y esto ya es un objetivo importante! Si pudiéramos identificar a todos los niños-que-nos-necesitan durante este primer año, sin obsesionarnos con saber si se convertirán en autistas o en otra cosa, estaríamos entonces en una perspectiva de prevención abierta, y no en la de una predicción que a veces corre el riesgo de aumentar las dificultades iniciales.

No estoy diciendo en absoluto que etiquetar a un niño con autismo a los 9 o 10 meses vaya a crear autismo per se. No lo digo porque no lo creo y no lo pienso. Hay que ser muy prudente y no pronunciar la palabra "autismo" demasiado pronto, cuando aún no estamos seguros del diagnóstico (véase p. 116). Además, durante el primer año de vida, cuando hemos identificado a los bebés o niños que no entran bien en la relación, lo que tenemos que ofrecerles no es todavía muy específico de la patología autista (observación directa de lactantes según el método de E. Bick; orientación a padres; terapias conjuntas padres/bebé...).

El segundo año de vida

Durante el segundo año de vida, las situación deviene más clara. Dado que existe un consenso general en considerar que el autismo infantil representa la forma más grave de fracaso del acceso a la intersubjetividad (véase p. 53), en el segundo año de vida del niño –se puede empezar antes, por supuesto, pero en este período en particular– tenemos que dar un lugar muy importante a las terapias conjuntas de padres y bebés. De hecho, la ayuda que podemos aportar a la diferenciación del bebé, para que se sienta existir como una persona que no se confunde con los otros, este trabajo debe hacerse en presencia de los diferentes protagonistas para que no sea un "desgarro". En los últimos años se han desarrollado una serie de técnicas para ayudar al bebé a construirse precisamente separándose, diferenciándose gradualmente del otro (de su madre o de sus padres). Se trata más de una diferenciación que de una separación, ya que se produce gradualmente en presencia de la madre o en presencia de los padres.

¿Y después?

Progresivamente se iran estableciendo acciones en el plano reeducativo, porque pasar por el cuerpo puede ser de gran apoyo para los niños pequeños, y los psicomotricistas tienen sus propias técnicas para ayudar al niño a tomar conciencia de su unidad corporal, de su yo corporal, de sus envoltorios corporales, especialmente cutáneos, que es fundamental. Luego viene el tiempo de la reeducación fonoaudiológica, y después el tiempo de la escolarización en jardines maternales bien preparados (ver p. 108). Muy pronto llega también el momento de ciertos enfoques educativos, ya sea basados en un enfoque conductual estricto -como el método TEACCH (treatment and education of autistic and related communication handicapped children) o el método ABA (applied behavioral analysis)- u otras técnicas más "light", como la técnica del *floortime* (S. I. Greenspan) o las técnicas de terapia de intercambio y desarrollo (ver p. 172 y ss).

Estas técnicas educativas o comportamentales no son tan nuevas. Tampoco son más válidas que las demás. Todavía hoy carecemos de validaciones rigurosamente controladas para todos los métodos de tratamiento del niño autista, sean los que sean. Sin embargo, no podemos esperar a que todo esté validado para actuar, y hoy sabemos que un cierto número de acciones que no están validadas por la MBE (medicina basada en la evidencia) son clínicamente muy útiles.

En cuanto a las técnicas educativas, personalmente pienso que todo depende mucho de la persona que las utilice y que, si son personas que funcionan con humanidad, emoción, sensibilidad y empatía, hay ciertos aspectos de las técnicas TEACCH o ABA que podrían incluso integrarse en la formación de los AVS (maestros integradores) y de los maestros. Por el contrario, querer transformar la vida de un niño en una sesión ABA de 24 horas (al precio de un posible apoyo farmacológico, ¡que no recomienda la HAS!) y convertir a los padres en reeducadores a tiempo completo me parece un despropósito y el exceso de un enfoque del "todo-educativo" que sólo puede ser perjudicial o dañino.

Aquí no hay ningún tabú. Cuando se tiene un enemigo tan serio como el autismo infantil, hay que intentar atacarlo por todos los flancos a la vez, pero hay que recurrir a todos los flancos, y no solo a uno, porque éste resultará necesariamente más débil que la patología. Esto es tanto más crucial cuanto que la patología autista, como dije al principio, tiende a impedirnos pensar: se infiltra en nuestras acciones, en nuestros modelos y en nuestras prácticas por el ataque que ejerce sobre los vínculos, por su increíble fuerza antipensante, por la recompensa que confiere al clivaje. Por lo tanto, nuestro primer acto terapéutico debe ser no dividirnos entre nosotros y proporcionar al niño respuestas y atención simultáneas en los tres ámbitos –nunca lo repetiré lo suficiente– de la pedagogía, la educación y el tratamiento, todo ello desde una perspectiva no fanática y no excluyente.

Por último, ¿qué entendemos por "tratamiento multidimensional"?

La noción de "atención" no se limita, ni mucho menos, al ámbito de la atención "psicoterapéutica". El afecto y la cognición están vinculados. Un niño autista tiene dificultades para generalizar sus aprendizajes, y es absolutamente necesario un enfoque multidimensional de sus dificultades para ayudarlo a retomar su crecimiento y maduración psicológica. Dicho esto, si efectivamente existe una atención en sentido amplio, que abarca el desarrollo del niño (aprender, educar, reeducar), y un cuidado más específico, el que ofrecen las psicoterapias ("atención del psiquismo"), ¿por qué querríamos privarnos de una u otra faceta de nuestra acción?

Capítulo 5
El rol de las psicoterapias en la atención de los niños autistas

A pesar de todo lo que se ha leído, dicho y oído, me parece que el enfoque psicoterapéutico de los niños autistas sigue siendo una necesidad absoluta. Independientemente del método utilizado, el objetivo de cualquier psicoterapia para un niño autista es hacerle sentir, como dice F. Tustin (1992), que el otro existe y no es amenazante. Esto se relaciona básicamente, a través de los afectos y las emociones, con la cuestión del acceso a la intersubjetividad, cuyo fracaso está en el centro de la patología autista.

Para que el niño sienta que el otro existe y no es una amenaza... No solo la cura psicoanalítica puede tener este objetivo psicoterapéutico. Ya he mencionado, a modo de ejemplo, las terapias de intercambio y desarrollo o el método *floortime*, muy utilizado en Estados Unidos, que otorga un lugar central al juego y al intercambio emocional. Sin embargo, me parecen útiles algunas palabras sobre las psicoterapias psicoanalíticas de los niños autistas, hoy tan denostadas, y que son, sin embargo, las únicas cuyo objetivo central es conferir progresivamente al niño autista una posición de sujeto a través de los procesos de acceso a la intersubjetividad y a los mecanismos de subjetivación.

La verbalización de los afectos

Ser autista da lugar, en ciertos momentos, a sufrimientos afectivos extremos, y salir del autismo no es nada fácil, porque un niño autista descubrirá entonces el mundo y los objetos que lo componen (objetos animados y objetos inanimados), que pueden ser vividos por él como aterradores. En estas condiciones, ¿qué puede aportar la cura psicoanalítica?

Contrariamente a lo que estamos acostumbrados a pensar, el psicoanálisis aparece más como una ciencia narrativa que como una ciencia explicativa o causal, quedando así la cuestión de la culpa materna por definición "fuera de tema".

Con un niño autista, no se trata de encontrar y señalar al culpable de sus dificultades, que no existe como tal, sino ayudarlo a vincularse con su mundo interno, ayudarlo a darle forma y sentido, ayudarlo a superar los obstáculos emocionales que le son propios. El psicoanalista, dentro de un encuadre riguroso y estable, dedicará así, por ejemplo, largos periodos de tiempo a poner palabras a las emociones y afectos del niño. Esta verbalización de los afectos ha sido muy bien explicada por A. Álvarez (1992).

La interpretación de las angustias arcaicas

El psicoanalista también debe "interpretar" las angustias arcaicas del niño, es decir, proponer un sentido a las figuraciones corporales o conductuales que manifiesta en sus sesiones. Veamos algunos ejemplos.

Un niño autista utiliza largos momentos de sus sesiones para hacer caer un objeto de la mesa, mientras observa, como de reojo, la mirada del terapeuta. No se trata tanto de obligar al terapeuta a levantarlo, como ocurre con un niño "habitual", para ejercer su poder sobre él; más bien parece que el niño espera una palabra del terapeuta que dé sentido, y cuando el terapeuta le dice, por ejemplo, que con ese juego intenta mostrarle que a veces se siente caer en un abismo (angustias de precipitación), entonces el juego se detiene al instante.

Otro niño pasa el tiempo de la sesión girando sobre sí mismo y, cuando el terapeuta le propone la idea de que trata de mostrarle que el mundo es sentido por él como un torbellino (angustias de torbellino tan bien descritas por D. Houzel [2002]), el comportamiento se detiene rápidamente.

Se podrían dar muchos otros ejemplos de angustias arcaicas (angustias de vaciado, de drenaje, de liquegacción...), pero, en todos los casos, hay que admitir, por una parte, que el niño, por más autista que sea, tiene una especie de intención inconsciente de comunicar al otro algo de su experiencia íntima, de sus vivencias emocionales y afectivas, y, por otra parte, que el psicoanalista de niños, por su empatía, su experiencia de la transferencia y de la contratransferencia, está particularmente bien situado para descifrar los mensajes que el niño, sin saberlo, le envía.

La construcción del yo corporal

La verbalización de los afectos del niño autista y la interpretación de sus angustias arcaicas ofrecen dos medios importantes para que el niño sienta que el otro existe y que puede comprenderlo, lo que favorece el establecimiento de su intersubjetividad. Pero eso no es todo. El psicoanalista también puede ayudar al niño a edificar lo que G. Haag (1991, 1992, 1993, 2004) ha llamado su "yo corporal", permitiéndole vivirse como un todo unificado, diferenciado y progresivamente más seguro. En particular, puede ayudarlo a vivir su piel como un envoltorio corporal suficientemente contenedor y limitador (como habla D. Anzieu en *El Yo-Piel*). G. Haag dice al respecto que se trata de ayudar al niño a procurarse un "sentimiento de envolvimiento" ("sentiment d'entourance") distinto del que le ofrece el caparazón autista. También es importante ayudar al niño a diferenciarse intracorporalmente, a vivir su cuerpo como suficientemente hermético (esfinterización de la imagen del cuerpo) y, finalmente, a aceptar la sustitución de los flujos sensoriales aprisionantes por flujos relacionales (D. Houzel, 2002). Todo esto solo es posible gracias a la formación del psicoanalista, que le permite identificarse profundamente con las vivencias físicas y afectivas del niño autista para ayudarlo a construirse e individualizarse progresivamente.

G. Haag et al. (1995) propusieron una grilla que permite observar los procesos de salida del niño autista de la burbuja autista.

Esta herramienta se basa en un modelo de lo que hoy sabemos sobre la construcción del yo corporal, sin el cual un niño no puede vivir como sujeto y no puede establecer una relación con el otro. No se trata de un instrumento de diagnóstico ni de evaluación en el sentido habitual del término, sino de una herramienta muy valiosa para el seguimiento de la evolución de los niños autistas tratados, que permite precisar el nivel de maduración del funcionamiento alcanzado en diferentes ámbitos del desarrollo (comunicación, mirada, expresión de las emociones, lenguaje, etc.) y que permite hacer una cierta valoración cualitativa de los progresos realizados.

Por lo tanto, una vez más, subrayemos la importancia de estos abordajes psicoterapéuticos para los niños autistas, que, sin ninguna perspectiva causal, completan efectivamente el abanico de medidas de tratamiento incluidas en el proyecto multidimensional que consideramos indispensable. Y destaquemos que la psicoterapia de un niño autista también le permite beneficiarse mejor de las demás terapias y ayudas que recibe y facilita la acción de los distintos intervinientes.

Un lugar para el enfoque psicoanalítico

Bajo la égida de G. Haag, se fundó hace unos años la CIPPA (Coordinación Internacional de Psicoterapeutas que Trabajan con Personas con Autismo), una asociación que permite a muchos terapeutas que trabajan en el sector liberal o público compartir sus observaciones y ponerlas en perspectiva con los avances de las neurociencias, defendiendo al mismo tiempo el lugar del enfoque psicoterapéutico en la atención a los niños autistas (véase el sitio web de Psynem: www. psynem.org que contiene toda la información sobre esta asociación; véase también en el Anexo 4 el comunicado de prensa que redactó el CIPPA con motivo del día nacional del autismo el 2 de abril de 2012 y que permite hacerse una idea correcta de las intenciones que animan a esta asociación).

Capítulo 6
El sufrimiento de los padres y los hermanos

La cuestión de cómo ayudar a los padres de un niño autista puede ser, como sabemos muy bien, extremadamente controvertida. No se trata de proponer un tratamiento psicoanalítico a los padres con la idea, explícita o implícita, de que serían culpables o responsables del autismo de su hijo: conocemos los estragos a los que este tipo de posición puede haber dado lugar en el pasado. El psicoanalista Harold Searles (1979) subrayó sabiamente que siempre es peligroso -y no solo en el campo del autismo- tratar a los niños con la teoría psicopatológica de que todas las dificultades serían la consecuencia del disfuncionamiento parental. No sólo es inexacto por la obligada referencia a un modelo polifactorial de la psicopatología (véase p. 81 ss.), sino que, además, no sería eficaz, ya que obstaculizaría cualquier posibilidad de alianza terapéutica efectiva con los padres; por último, sería perjudicial porque, a posteriori, se correría el riesgo de deprimir al niño, que podría sentirse culpable por no haber sido capaz de hacer que sus padres fueran suficientemente buenos.

Ayudar a los padres

Es importante ser extremadamente riguroso desde el punto de vista epistemológico y tener cuidado de no reintroducir subrepticiamente una visión demasiado lineal y reductora de la psicopatología. Sin embargo, vivir con un niño autista es una experiencia terrible, un calvario (J. Vautrin, 1998). La salida de un niño de su burbuja autista tampoco está exenta de dar lugar a nuevas dificultades, a pesar de lo que se podría pensar espontáneamente.

Además del apoyo grupal que los padres pueden encontrar en las asociaciones de padres de niños autistas, hay varios tipos de intervención posibles, y a menudo necesarios. En primer lugar, cuando el niño es todavía muy pequeño, ciertas técnicas pueden ayudar a los padres a ayudar ellos mismos a su hijo a progresar hacia una cierta intersubjetividad. Aquí podemos citar ciertas técnicas de terapia conjunta padres/bebé (B. Lechevalier, 2004) que permiten una especie de proceso de diferenciación, ciertas técnicas de orientación a padres (S. McDonough, 1993), incluso observaciones directas en el hogar (según el método de E. Bick, 1964) que, en algunos casos, constituyen realmente una prevención del enquistamiento de los trastornos autistas aún en proceso de aparición (D. Houzel, 1989).

Cuando el niño es mayor, a menudo es necesario un espacio donde los padres puedan hablar del sufrimiento de no poder comunicarse con un hijo que no reconoce realmente su existencia o, al menos, no la tiene en cuenta, lo que supone una afrenta narcisista muy dolorosa para ellos.

Por último, cuando el niño sale poco a poco de su encierro autista, pueden aparecer rabietas o enojos intensos (crisis de "tantrum"); el niño puede volverse violento con los demás; incluso su entrada en el lenguaje puede ser complicada para los que le rodean, que pueden tener dificultades para hacerle un lugar, que está conquistando con tanta dificultad. Aquí también es muy útil un espacio para la palabra, e incluso las entrevistas familiares sirven para que todo el grupo familiar afronte el desafío de la convivencia con un niño autista en "evolución".

Por supuesto, cada padre es libre, si lo desea, de emprender un trabajo psicoterapéutico personal, ya sea en relación con el autismo de su hijo (en particular, para intentar comprender mejor las emociones que el niño le provoca) o con toda su historia (cada uno puede querer ver más claramente en su vida). Pero no me hagan decir que cuando un padre emprende un análisis o una terapia personal, que está en todo su derecho, es porque los psicoanalistas le han maliciosamente convencido de que, sin sus propios problemas, su hijo no sería autista...

Ayudar a los hermanos y hermanas

En los casos en que el niño autista tiene hermanos, hay que prestarles una atención especial. No se trata de someterlos a una evaluación exhaustiva sobre si presentan o no rasgos mínimos de la categoría autista (concepto de endofenotipos) para apoyar el concepto de "trastornos del espectro autista". Esta es una perspectiva de investigación interesante, pero no es de lo que quiero hablar aquí.

Como se le va a dedicar mucho tiempo al niño enfermo, simplemente para ayudarlo a vivir, para acompañarlo en sus diferentes desplazamientos (citas médicas, sesiones educativas, reeducación y psicoterapias diversas), los otros niños pueden sufrir en una dinámica de rivalidad fraternal fácilmente comprensible. Además, los hermanos potenciales pueden sentirse irracionalmente culpables de las dificultades del hermano enfermo. Un posible sentimiento de culpa no les está en absoluto reservado a los padres. Que este sentimiento remita a una hostilidad inconsciente no cambia nada ya que ninguna ambivalencia hacia el niño, ya sea la de los hermanos o la de los padres, está en el origen del autismo, y esto no me cansaré de repetirlo.

Es sobre todo en los momentos en que el niño autista progresa que se expresa más libremente la ambivalencia o la agresividad de los hermanos, porque es más fácil "atacar" a un niño que está mejor que a un niño que todavía es muy vulnerable. Es importante que los hermanos encuentren un lugar donde puedan expresar sus emociones y sentimientos, que pueden ser vividos con mucha culpa. No se trata de ofrecerles un marco psicoterapéutico en el sentido estricto de la palabra, sino solo una escucha, a petición, que, según el caso, puede realizarse en el lugar donde lo atienden a su hermano o hermana autista (lo que le permite entonces recuperar simbólicamente algo dejado allí por él), o bien en un lugar diferente (lo que acentúa la dimensión singular de la atención que así se les ofrece).

Cada caso es diferente, cada situación es específica: lo importante es no descuidar este aspecto para el bienestar del grupo familiar en su conjunto. Las entrevistas familiares también pueden ser una forma interesante de reequilibrar el lugar y el rol de cada uno de los integrantes.

Capítulo 7
Los Centros de Recursos para el Autismo

En Francia, a raíz de los decretos promulgados en 1996 por la ministra Simone Veil, se decidió dotar a cada región de un Centro de Recursos para el Autismo (CRA) encargado de promover la información y la formación en lo que concierne a la detección precoz, la evaluación diagnóstica, la atención y la investigación en este campo eminentemente transdisciplinar de la psicopatología infanto-juvenil. Estos centros deben ser accesibles para los niños, los adolescentes y sus padres, ya sea a través de una demanda conjunta de la familia y el equipo de salud que ya está a cargo del niño, o a través de la demanda directa de los padres.

En cuanto a los cuidados, los decretos insisten en la necesidad de un equilibrio entre las opciones pedagógicas, educativas, reeducativas y "terapéuticas" (en el sentido de "atención psiquiátrica" propiamente dicha). Las CRA tienen como una función de observatorio. En efecto, la atención de los bebés, niños, adolescentes y adultos con autismo es un proceso a largo plazo, y hay que admitir que los padres y las familias, en tal o cual momento de este doloroso viaje, pueden inclinarse por uno u otro enfoque, teniendo, además, una necesidad constante de estar lo mejor informados posible sobre los avances en la investigación de la patología autista. Este es su derecho absoluto, que debemos garantizar, incluso si, aún hoy, los recursos siguen siendo, por desgracia, extremadamente desiguales de una región a otra.

Empezando por los centros pioneros de Tours, Estrasburgo y Montpellier, federados en la ANCRA (Asociación Nacional de Centros de Recursos para el Autismo), cada región de Francia se fue dotando progresivamente de un CRA. Estos centros han desempeñado un papel importante en la aplicación y difusión de las recomendaciones para el diagnóstico del autismo. Luego elaboraron recomendaciones relativas a la atención del autismo, bajo los auspicios de la Alta Autoridad Sanitaria. Estas recomendaciones se publicaron en 2012.

El Centre Ressources Autisme Île-de-France (CRAIF) se creó en 2004, tras varios años de reflexión y debate entre padres y profesionales. Este proyecto ha sido, sin duda, más difícil de realizar para la región parisina, que cuenta con más de 11 millones de habitantes, que para otras regiones menos pobladas, que pudieron crear antes este tipo de estructuras. En cualquier caso, la creación del CRAIF debe mucho a los padres de niños autistas que han demostrado una energía y una sabiduría considerables; también debe mucho a todos los profesionales que se dedicaron a esta tarea[41].

Entre las diversas misiones de los Centros de Recursos para el Autismo, que incluyen la información y la difusión de los conocimientos en el campo de las patologías autistas, la ayuda a la formación del personal, la promoción de investigaciones y una función de observatorio de las necesidades en cuanto a equipamientos, cabe destacar una misión particular relativa a la reflexión sobre el diagnóstico precoz de las patologías autistas, actividad de la que se encargan los Centros de Evaluación y Diagnóstico del Autismo y de los Trastornos Generalizados del Desarrollo (CEDA), adscritos a los distintos Centros de Recursos para el Autismo.

---

41. Personalmente, tuve el placer de participar como miembro fundador, permaneciendo, hasta 2012, como miembro de la junta directiva de la asociación de gestión CRAIF. Este consejo es un consejo paritario compuesto por 12 padres y 12 profesionales. Su presidente es, alternativamente, un padre o un profesional. Los padres miembros de este consejo que pertenecen a diversas asociaciones de padres de niños autistas se han organizado en una "interasociación" que funciona como interlocutora representativa de las diferentes corrientes de pensamiento a las que se adhieren los padres de niños autistas.

Los pliegos de condiciones de los CRA son muy amplios, ya que no sólo se refieren a los problemas de los niños autistas, sino también a los de los adolescentes y adultos autistas (con la dificilísima cuestión, también en este caso, de los medios y la organización de la atención). La creación de los CRA representó una etapa muy importante en el trabajo sobre el autismo infantil y en la historia de las relaciones entre padres y profesionales. Son estructuras muy valiosas. No deben funcionar como lugares de poder o influencia, aunque la neutralidad absoluta sea, como sabemos, una utopía[42].

42. Consulte el sitio web de la ANCRA, www.autismes.fr, que contiene información sobre todas las ACC.

Capítulo 8
El papel de la Alta Autoridad de Salud

La Alta Autoridad de Salud (HAS) fue creada por la ley del 13 de agosto de 2004 relativa a los seguros médicos para contribuir a mantener un sistema sanitario solidario y mejorar la calidad de la asistencia en beneficio de los pacientes.

Como se puede ver en la web oficial de la HAS, este organismo es responsable de:

- evaluar científicamente el interés médico de los medicamentos, los dispositivos médicos y los actos profesionales y proponer o no su reintegro por el seguro;
- promover las buenas prácticas y el buen uso de la asistencia sanitaria entre los profesionales de la salud y los usuarios de la misma;
- mejorar la calidad de la atención en las instituciones sanitarias y en la medicina privada;
- garantizar la calidad de la información médica difundida;
- informar a los profesionales de la salud y al público en general y mejorar la calidad de la información médica;
- desarrollar la concertación y la colaboración con los agentes del sistema sanitario en Francia y en el extranjero.

La HAS es una autoridad pública independiente de carácter científico, con personalidad jurídica y autonomía financiera. Dispone de un sitio en Internet (www.has-sante.fr), cuyo objetivo es apoyar activamente las misiones encomendadas a la Autoridad, en particular en lo que respecta a la promoción de las "buenas prácticas", el "buen uso" de los cuidados y la difusión de información médica. Este sitio se dirige a un público muy amplio: profesionales de la salud, periodistas, fabricantes de dispositivos sanitarios, ciudadanos que desean saber más sobre la calidad en salud...

Las recomendaciones de la HAS

Bajo la autoridad de la HAS se elaboraron las recomendaciones de "buenas prácticas" en materia de detección (2005) y de tratamiento (2012) del autismo y los trastornos generalizados del desarrollo. Estas recomendaciones se basan en el análisis de la literatura científica según tres niveles de evidencia (nivel A; nivel B; y nivel C) y en alcanzar un consenso entre los expertos cuando los datos de la literatura no son concluyentes. Se han publicado varios documentos que recogen, de forma exhaustiva o sintética, el análisis de esta literatura y las recomendaciones forjadas por los expertos.

Los principios identificados por la HAS en relación con la atención de los niños autistas son los siguientes:

- Implicar al niño/adolescente y a sus padres, y prestar atención a los hermanos.
- Evaluar periódicamente el desarrollo del niño/adolescente.
- Vincular la evaluación y el desarrollo del proyecto personal.
- Intervenir tempranamente de manera integral y coordinada.
- Supervisar la prescripción de medicamentos.
- Garantizar la coherencia, la continuidad y la complementariedad de las intervenciones a lo largo del recorrido del niño/adolescente.

Las intervenciones "recomendadas" son globales y coordinadas; deben iniciarse antes de los 4 años e incluir al menos veinticinco horas de atención individual (un niño por un adulto) con tratamientos individuales por parte de diferentes especialistas (fonoaudiólogos, psicomotricistas, psicólogos). También se tienen en cuenta las intervenciones de los cuidadores bajo la supervisión de especialistas, los horarios escolares, las intervenciones para los padres y el trabajo terapéutico en pequeños grupos. Los expertos recomiendan los enfoques ABA, Denver y TEACCH (ver p. 171 y ss.), siempre que no sean excluyentes, así como los enfoques integrativos, si están bien coordinados. A partir de los 4 años, las recomendaciones siguen los principios definidos para los más jóvenes, pero están condicionadas por la gravedad de los síntomas y el nivel de desarrollo cognitivo y afectivo de los niños y adolescentes.

Los expertos también definen algunas intervenciones globales como "no consensuadas", que es el caso de los enfoques psicoanalíticos y la terapia institucional, y otras como "no recomendadas", que es el caso del método de las 3i, el método Padovan o el método Greenspan, por citar solo los más conocidos. Por último, destacan la necesidad de desarrollar programas de investigación-acción para evaluar mejor las prácticas terapéuticas en el autismo.

La HAS en cuestión

Estas recomendaciones dieron lugar a debates y conflictos de una violencia inusitada, ya que, después de haber querido clasificar como "no recomendadas" las acciones psicoterapéuticas (individuales o institucionales) llevadas a cabo con niños autistas, hubo que juntar intensas energías para que estas prácticas fueran finalmente clasificadas como "no consensuadas" (en vez de "no recomendadas"). La diferencia puede parecer pequeña, pero no lo es. En efecto, el hecho de que una técnica psicoterapéutica no sea consensuada no puede escandalizar a nadie, pero que se diga que es "no recomendada" plantea una verdadera cuestión de libertad democrática[43].

¿Por qué los niños autistas serían los únicos ciudadanos de Francia a los que se les niegue el acceso a la psicoterapia, cuando sus padres han luchado mucho para que se los considere ciudadanos de pleno derecho, con, entre otras cosas, el derecho a la escolarización (ver p. 123)? Además, quisiera recordar que ninguna de las técnicas actuales de atención a los niños autistas está

43. El proyecto de ley Fasquelle, que lleva el nombre de su instigador, proponía incluso transformar ese "no rfecomendable" en una prohibición legislativa, lo que habría trasladado la discriminación al ámbito republicano.

validada –en el sentido de la medicina basada en la evidencia–, ni siquiera el método ABA (V. Shea, 2009), pero que, en cambio, se está realizando actualmente un esfuerzo especial, bajo la égida del Inserm y de la Federación Francesa de Psiquiatría (FFP), en materia de evaluación de las prácticas psicoterapéuticas (EPP) en el ámbito del autismo infantil (ver p. 72).

Actuando de esta manera, queda claro que la HAS no ha funcionado como un organismo científico neutro, objetivo e independiente que se supone que es. Ha sido presa de las luchas por la influencia de las asociaciones de padres más hostiles a cualquier idea de psicoterapia o psicoanálisis. Cada uno es libre de tener sus propias opiniones a título personal, pero ¿no existen estas instituciones precisamente para reducir al máximo el peso de los juicios subjetivos e irracionales? En lo que respecta al autismo infantil, la HAS se ha descalificado seriamente a los ojos de todos aquellos, incluido yo mismo, que creen en la razón y la tolerancia.

A modo de conclusión

Al final de este libro, espero que hayamos percibido que el autismo infantil sigue siendo hoy una fuente de múltiples desafíos. Más allá del dolor y el sufrimiento que provoca, es también una de sus grandes riquezas.

Todavía no hemos llegado al día en que la cura del autismo sea una realidad. Estemos seguros de que ese día llegará, pero solo y únicamente si aprendemos a superar nuestros clivajes –entre padres y profesionales, pero también entre profesionales– para promover una visión integrada o complementarista de lo que cada uno tiene para decir sobre el tema. Todavía hay muchos obstáculos en nuestro camino, incluyendo el insidioso retorno a la neuropsiquiatría infantil puramente biologisista. Por otro lado, sería una gran victoria para el autismo ayudarnos a hacer la transición hacia un verdadero neuropsicoanálisis, libre de sus posibles ambigüedades.

Si tenemos en cuenta los puentes que empiezan a tenderse entre los conocimientos aportados por la cognición, por la neurociencia y por la psicopatología, existe hoy el peligro de volver, sin decirlo explícitamente, a una neuropsiquiatría infantil de la que nos ha costado tanto distanciarnos. Quien dice neuropsiquiatría infantil dice, en efecto, una visión monofactorial de los trastornos psíquicos, con una visión casi neurológica de los mismos, mientras que el modelo polifactorial es esencial en el campo de los trastornos mentales del niño y del adolescente. Mientras que el modelo monofactorial se refiere a una temporalidad lineal habitual, el modelo polifactorial se refiere a una temporalidad circular que es la única que puede integrar los efectos "a posteriori" tan fundamentales para el enfoque psicopatológico.

Es importante no renunciar a nuestras convicciones psicopatológicas. En efecto, la causalidad interactiva tiene un lugar en el campo del autismo infantil, siempre que se la articule cuidadosamente con los diferentes determinantes de la causalidad física –no todos los niños rumanos con carencias graves de los orfanatos, por ejemplo, se autistisaron, sino solo aquellos, sin duda, en los que la carencia se encontró con su propia vulnerabilidad endógena–. Lo que está en juego no es poco, como pudimos verlo a lo largo de este libro.

*

Por supuesto, dado que el objeto de la neurociencia sigue siendo el funcionamiento del cerebro como tal y el del psicoanálisis sigue siendo irreductiblemente el estudio del material psíquico (contenidos y procesos), coproducido por el trabajo psíquico del paciente y del analista, uno de los riesgos del concepto de neuropsicoanálisis que mencioné anteriormente sería producir una amalgama o confusión entre estos dos dominios epistemológicamente distintos (B. Golse, 2011). Pero también permite una articulación entre estos dos campos de pensamiento, obligándonos a definir lo más claramente posible las interfaces y las convergencias que propician la curiosidad, la emulación y el cuestionamiento bilateral entre psicoanalistas y neurocientíficos (B. Golse, 2012).

Ya está surgiendo un espacio conceptual vinculado a las estímulaciones recíprocas de esos dos modos de pensamiento, que no están en el mismo plano pero que tienen todo para ganar al enriquecerse mutuamente (L. Ouss, B. Golse, N. Georgieff y D.

Widlöcher, 2009). Es lamentable que muchos psicoanalistas sigan desconfiando del concepto de neuropsicoanálisis, corriendo así el riesgo de aferrarse a una praxis psicoanalítica un tanto desvinculada del contexto científico actual, a pesar de que Freud era muy consciente de los paradigmas científicos de su época y los tuvo en cuenta en sus propias modelizaciones (L. Ouss-Ryngaert y B. Golse, 2010).

El psicoanálisis no tiene nada que temer de los enormes avances de la ciencia en general y de las neurociencias en particular. En el marco de un modelo decididamente polifactorial y de un enfoque transdisciplinario, el psicoanálisis espera sus avances con gran impaciencia, pues juntos podrán comprender mejor las interrelaciones entre el sujeto y el entorno y, en particular, aclarar mejor los mecanismos íntimos de la epigénesis. J. Hochmann y M. Jeannerod (1991) han ilustrado útilmente esta transdisciplinariedad en su libro conjunto, en el que citan la siguiente bella frase de J. Keats: "Las mentes se apartarían de las otras en direcciones opuestas, cruzándose con ellas en innumerables puntos y por fin se reconocerían todas al final del viaje".

Por supuesto, existe la tentación de evacuar la complejidad a la que inevitablemente nos confronta la cuestión del sufrimiento psíquico y de la muerte. De ahí, sin duda, la fascinación actual de un gran número de equipos psiquiátricos por una clínica del instante y los espejismos de la evaluación, en detrimento de una clínica de la historia, aunque ambos ejes deberían seguir estando estrechamente vinculados. La vida psíquica no es sencilla, como tampoco lo son los trastornos de la vida psíquica. Querer hacer creer esto es una estafa, una estafa basada en la paradoja de que el ser humano siempre ataca lo más preciado para él, es decir, su capacidad de pensar. Como si el pensamiento se espantara a sí mismo. Como si existiera, en todas partes y siempre, una especie de odio del pensamiento hacia sí mismo. Afortunadamente, las fuerzas vinculantes también son potentes, y depende de nosotros hacerlas prevalecer sobre las fuerzas de desligazón.

*

Vivimos una época muy curiosa en relación con el autismo infantil, una época no solo antipsicoanalítica, sino fundamentalmente antipsiquiátrica, incluso antimédica. Un cierto número de padres de niños autistas considera que los trastornos generalizados del desarrollo son puramente del orden del neurodesarrollo, por no decir neurológicos, y que por tanto solo requieren enfoques educativos, reeducativos y pedagógicos especializados (J. Hochmann, 2009). Paralelamente a las técnicas educativas, reeducativas y pedagógicas, las psicoterapias psicoanalíticas tienen un rol importante, no tanto para arrojar luz sobre las causas íntimas del autismo sino para ayudarnos a comprender mejor el mundo interno de estos niños cuyo progreso, como he dicho, puede ser paradójicamente, una fuente de angustia.

Contra el autismo, una patología tan dolorosa, solo es posible un enfoque multidimensional, deseable y verdaderamente útil para todos. Sin embargo, en el momento en que empieza a surgir una visión integrada sobre las causas del autismo, una visión complementarista centrada, en particular, en los trastornos sensoriales de los niños autistas que les impiden acceder normalmente a la intersubjetividad, a esa conciencia de que el otro existe y de que el yo y el otro hacen dos, hemos visto en los últimos tiempos, algunas asociaciones de padres atacar o insultar a los psiquiatras infantiles e incluso a algunos centros de evaluación y diagnóstico, todos los cuales trabajan en pleno cumplimiento de las recomendaciones de la Alta Autoridad Sanitaria (HAS) sobre el diagnóstico y la detección precoz.

En este libro, mi propósito no ha sido polemizar, sino tratar de explicar que cualquier método que se presente como el único legítimo está, *ipso facto*, descalificado. Para decirlo más claramente, si el todo psicoterapéutico ha fracasado, el todo pedagógico y el todo educativo también fracasarán.

Frente al autismo, ningún especialista digno de ese nombre, ningún profesional implicado, ningún padre que vea a su hijo debatirse en un *impasse* autista, puede funcionar ciñéndose a un único método en detrimento de un enfoque verdaderamente multidimensional. Es urgente que no nos dejemos encerrar en conflictos odiosos y conceptualmente costosos, porque los niños autistas tienen mejores cosas que hacer que vernos imitarlos en disputas y divisiones con valor de clivaje, que reflejan su propio funcionamiento.

Este tipo de oposición clivada le hace el juego al pensamiento simplista y reductor. Debemos luchar sin descanso contra todas las costosas y estériles escisiones entre el cuerpo y la psiquis; la continuidad del debate entre la neurociencia y el psicoanálisis es también por esta razón, esencial. Ningún ser humano puede reducirse a su dimensión biológica, por fundamental que sea. De ahí este aparentemente paradójico grito de esperanza, pero aparentemente sólo: "¡Viva el autismo, el autismo vencerá!".

ANEXOS

Anexo 1
Factores primarios y secundarios del modelo polifactorial

Ejemplos de factores primarios (de vulnerabilidad) en el autismo

Los factores genéticos

Son innegables, pero deben entenderse desde la perspectiva de una genética de la vulnerabilidad, y no de la genética causal en el sentido clásico del término (F. Ansermet y A. Giacobino, 2012). Sabemos, por ejemplo, que el síndrome del cromosoma X frágil es un factor de predisposición al autismo infantil, ya que, si bien en la población de niños autistas hay un claro exceso de niños con esta anomalía (alrededor del 7%) en comparación con la frecuencia observada en la población general, a la inversa, no todos los niños con cromosoma X frágil son autistas, ¡ni mucho menos!

Por otra parte, el modelo genético del autismo de Kanner (trastorno generalizado del desarrollo típico o específico) se orienta actualmente hacia una constelación de alelos afectados a nivel de los llamados genes "candidatos" (quizás más de quince), distribuidos en todos los cromosomas y cuyo estado conjunto subyacería a la predisposición autista. Solo este modelo permite explicar el hecho de que en torno a un proponente[44] autista , haya casi un 1% de otros casos entre los aparentados de primer grado, mientras que a partir del segundo grado de parentesco, la frecuencia desciende hasta el nivel observado en la población general –esta

44. Objeto de un estudio a partir del cual se realiza el árbol genealógico y la búsqueda de familiares portadores de una determinada patología (genograma).

frecuencia básica es, por otra parte, objeto de debate en la actualidad (véase p. 61)–.

Ningún modelo mendeliano es capaz de explicar este fenómeno, por lo que aquí, nos situamos en la perspectiva de una genética de la susceptibilidad, remitiendo a la cuestión de la heredabilidad de los rasgos complejos y de los procesos de interacción epistática, rasgos y procesos que nos invitan a clasificar los factores genéticos entre los llamados factores primarios del modelo polifactorial.

Incluso los recientes descubrimientos sobre las neuroliginas y las neurexinas, que se encontrarían en menos del 1% de los casos de autismo, deben interpretarse también probablemente solo en términos de vulnerabilidad.

Más recientemente, la elevada edad de los padres parece haber sido incriminada como factor de riesgo en varios estudios, probablemente a través de mutaciones genéticas relacionadas con alteraciones en la espermatogénesis (Nature, abril de 2012). Este punto muestra la complejidad del problema porque, si bien este descubrimiento alivia la culpa de algunas madres jóvenes de un niño autista en relación con los hijos no autistas que el padre haya podido tener en el pasado, también invita a tener en cuenta tanto el envejecimiento del esperma como el rol de la edad en la función paterna.

Los factores neurológicos

El mismo razonamiento válido para el síndrome del cromosoma X frágil puede aplicarse a la esclerosis tuberosa de Bourneville (STB): entre los niños autistas, observamos efectivamente un aumento de la frecuencia de esta afección con respecto a la observada en la población general, pero si entre el 25 y el 60% de los niños afectados por esta encefalopatía particular son también autistas, esto hace que el BST solo sea un factor primario de predisposición, y solo un factor primario, por la mutación de los genes TSC1 (hamartina) y TSC2 (tuberina).

En este apartado también hay que mencionar el complejo problema de las epilepsias, que se asocian a cerca del 30% de los casos de autismo y que aparecen en un momento u otro de la evolución autista. Es difícil, incluso en la actualidad, precisar los mecanismos íntimos de esta asociación, que probablemente difieren según cada tipo de epilepsia. Sin embargo, en el caso del síndrome de West (epilepsia muy precoz en los niños, que se manifiesta en el primer semestre de vida, y que da lugar a espasmos de flexión bastante característicos), parece que puede considerarse un factor de riesgo primario: entre el 20 y el 25% de los niños que presentan un síndrome de West se autistisan en los dos primeros años de vida, sin que sea posible predecir de antemano cuáles. Este desarrollo autista está probablemente ligado al profundo obstáculo que suponen ciertas estereotipias motoras de los miembros superiores en las interacciones tempranas, como está empezando a demostrar L. Ouss en nuestro programa de investigación PILE (Programme International sur le Langage de l'Enfant).

Con respecto a las anomalías reveladas por la resonancia magnética funcional de los surcos temporales superiores en los niños con autismo (véase p. 89 y ss.), hoy en día es difícil saber si son causas o consecuencias del funcionamiento autista, y quizás cada historia sea diferente en este sentido.

Los factores sensoriales

A diferencia de la ceguera, la sordera parece ser un factor de riesgo innegable para el autismo infantil, a tal punto que en un momento dado se pensó que era importante buscar un síndrome específico que asociara autismo y sordera. Hoy en día, dado que se ha demostrado la hipersensibilidad sensorial cortical (auditiva o visual) en la patogénesis del autismo, se piensa más bien que la sordera jugaría como un factor primario poco específico a causa del aislamiento relacional parcial que provoca en un gran número de casos.

Los factores infecciosos

Históricamente se ha demostrado que la rubéola congénita aparece con más frecuencia en la historia de los niños con autismo que en la población general. La vacuna antirubéola ha relegado en cierto modo esta cuestión a un segundo plano, pero los trastornos neurológicos y sensoriales asociados a esta embriofetopatía pueden haber funcionado como factores primarios de riesgo.

Los factores medioambientales

En este punto de lo que se trata es todo el tema de las disfunciones interactivas y la depresión materna, tema que nos invita, por supuesto, a ser extremadamente cautelosos.

Es importante tener en cuenta que estos factores ambientales solo pueden considerarse como factores de riesgo primarios dentro de un modelo verdaderamente polifactorial, es decir, considerando que necesitan probablemente estar asociados con otros factores primarios (genéticos, en particular) para tener un impacto real. Con esta reserva, que es esencial, podemos entonces imaginar que desempeñan un papel como factores de riesgo que deben integrarse en el marco del "proceso autistisante" desarrollado por J. Hochmann (véase p. 116).

Esta lista no es en absoluto exhaustiva, y está claro que los desarrollos de la investigación en psiquiatría infantil darán lugar muy probablemente a nuevos descubrimientos en este campo en los próximos años, quizás con la individuación de los factores ambientales primarios en sentido amplio (factores alimentacios, biológicos o ecológicos, por ejemplo).

Ejemplos de factores secundarios (desencadenantes) en el caso del autismo

Dado que la psiquiatría infantil es aún relativamente joven, estos factores secundarios están lejos de estar plenamente identificados. Al igual que con los factores primarios, el futuro permitirá sin duda precisar, en campos muy variados, los factores secundarios desencadenantes o de descompensación autistica en los niños vulnerables (factores nutricionales, sociofamiliares, culturales, ecológicos, antropológicos...). Por el momento, los factores secundarios que mejor conocemos y sobre los que más podemos actuar son los factores relacionales, es decir, los vinculados al encuentro del niño con el psiquismo del otro en el contexto del "proceso autistisante".

No se trata en absoluto, repitámoslo, de reabrir el debate sobre la culpabilidad de las familias en la génesis del autismo infantil, debate que sabemos los estragos que puede haber causado. Está claro que los padres no son en absoluto responsables o culpables del autismo de su hijo, que solo puede entenderse desde una perspectiva polifactorial. Sin embargo, en el marco del modelo polifactorial que aquí defiendo, debemos poder interrogar las posibles anomalías interactivas tempranas en cuanto a su condición de factores primarios o secundarios y, eventualmente, tenerlas en cuenta como tales, ya sea desde una perspectiva de prevención (secundaria) o de tratamiento.

Anexo 2
Una reseña de los métodos y herramientas de diagnóstico

Se distingue entre el diagnóstico nosográfico, el diagnóstico funcional y el diagnóstico etiológico, cuya realización se basa en una evaluación multidisciplinar, que suele llevarse a cabo durante varios días y según modalidades que difieren de un centro de diagnóstico a otro. Esta evaluación implica una estrecha colaboración entre neuropediatras, radiopediatras y genetistas, y un equipo "psi" compuesto por psiquiatra(s) infantil(es), psicomotricista(s), fonoaudiólogo(s), psicólogo(s), educador(es) infantil(es) y maestro(s) especializado(s).

- *El diagnóstico nosográfico* permite diferenciar entre trastornos del desarrollo que a veces son sintomáticamente similares o están interrelacionados, como el retraso mental y los trastornos de la adquisición del lenguaje oral, e identificar de qué trastorno generalizado del desarrollo se trata: autismo típico o atípico, trastorno generalizado del desarrollo no especifíco o, más raramente, trastorno desintegrativo infantil, o incluso síndrome de Rett.
- *El diagnóstico funcional* (o evaluación funcional) permite precisar las habilidades y las dificultades del niño en las diferentes áreas de su desarrollo, pero también las modalidades de interacción que prefiere y en las que luego se puede basar el proyecto terapéutico. En el ámbito del autismo se han desa-

rrollado un cierto número de herramientas de diagnóstico que permiten objetivar con precisión la sintomatología autista, así como el perfil de desarrollo del niño en cada ámbito.

- *El diagnóstico etiológico* permite buscar la existencia de tal o cual patología orgánica asociada y precisar los distintos componentes de la ecuación etiológica polifactorial propia de cada niño.

El diagnóstico nosográfico

En la actualidad, el diagnóstico nosográfico se basa en cuatro herramientas principales que gozan de reconocimiento internacional:

- La ADI-R (Autism Diagnostic Interview-Revised): se trata de una entrevista semiestructurada que fue desarrollada inicialmente para la investigación por C. Lord et al. (1994) para recoger datos de forma estandarizada sobre el desarrollo del niño y la presencia de síntomas característicos del autismo. Las preguntas abiertas que se hacen a los padres aportan descripciones de los comportamientos del niño y dan lugar a una cotación basada en la presencia e importancia de los síntomas descritos. Se utiliza un algoritmo para determinar si las puntuaciones del niño están por encima del umbral de significación en los tres dominios identificados como alterados (comunicación, lenguaje y socialización) en el autismo, en el período actual y entre los 4 y 5 años de edad, lo que permite un diagnóstico retrospectivo para los niños mayores.
- El ADOS-G (Autism Diagnosis Observation Schedule): es una escala de observación semiestructurada desarrollada por K. Gotham, C. Lord et al. (2007), que consta de cuatro módulos correspondientes a cuatro niveles de lenguaje, elegidos según la edad cronológica y el nivel de lenguaje receptivo del niño. Las actividades planteadas permiten evaluar al niño en condiciones de interacciones sociales estandarizadas. Las respuestas se califican de 0 a 3 según el grado de perturbación. Se utiliza un algoritmo para calcular las puntuaciones en los tres dominios perturbados del autismo, que son significativas si están por encima del umbral definido por esta herramienta.

- El CARS (Autism Rating Childhood Scale): se trata de una tabla de observación que permite establecer un score de 1 a 4 la presencia y la intensidad de los síntomas autistas en catorce dominios de funcionamiento distintos: las relaciones sociales, la imitación, las respuestas emocionales, el uso del cuerpo, el uso de los objetos, la adaptación al cambio, las respuestas visuales, las respuestas auditivas, el gusto-olfato-tacto (respuestas y modos de exploración), el miedo-ansiedad, la comunicación verbal, la comunicación no verbal, el nivel global de actividad, el nivel intelectual y la homogeneidad del funcionamiento y, por último, la impresión general que da el funcionamiento relacional del niño. La puntuación global se obtiene sumando todas las puntuaciones parciales, lo que refleja el nivel de gravedad de la sintomatología autista del niño, que va desde no autista hasta severamente autista.
- El ECA-R (Echelle des comportements autistiques - Revisée): es una escala de cotación de la sintomatología autista desarrollada por C. Barthelemy y G. Lelord en Tours. Las puntuaciones de 0 a 4 de los veintinueve ítems divididos en cuatro subescalas (comunicación, motricidad, percepción e imitación) dependen de la frecuencia de observación de los comportamientos autistas y definen dos dimensiones denominadas "insuficiencia modulatoria", por un lado, e "insuficiencia relacional", por otro. También se calcula una puntuación global que refleja la intensidad del trastorno.

El diagnóstico funcional

Se basa en la evaluación de las diferentes funciones cognitivas, lingüísticas y psicomotoras, pero también en observaciones no estandarizadas que permiten comprender el modo de relación del niño.

Las evaluaciones psicológicas

No describiré todos los instrumentos de evaluación que pueden utilizar los psicólogos (en particular las escalas de Wechsler), sino solo algunos de los instrumentos más específicos para la evaluación de los niños con autismo. La frecuente presencia de retraso mental, la naturaleza heterogénea del funcionamiento cognitivo de los niños que presentan un trastorno generalizado del desarrollo y sus dificultades para comprender y llevar a cabo las consignas requieren el uso de material de prueba adaptado por psicólogos experimentados.

- El PEP-R (Psycho-Educative Profile-Revised): consiste en describir las anomalías cualitativas de la relación y el perfil de desarrollo del niño en diferentes dominios (imitación, percepción, coordinación óculo-manual, motricidad gruesa, motricidad fina, rendimiento cognitivo y cognición verbal) a partir de la ejecución de consignas con material concreto y la posibilidad de demostraciones (E. Schopler et al., 1994, 2008). Los éxitos, los fracasos, pero también las emergencias, que corresponden a pruebas parcialmente realizadas, definen el perfil de desarrollo del niño y permiten, si es necesario, establecer un proyecto psicoeducativo personalizado. La última versión del PEP, el PEP-R o PEP 3, propone una agrupación diferente de las distintas puntuaciones, similar a la de otras escalas psicométricas.
- La BECS (Batería de Evaluación Cognitiva y Socio-Emocional): es una batería para la evaluación del desarrollo socio-cognitivo de los niños pequeños desarrollada por J. L. Adrien et al. (2001). Esta batería permite evaluar, a través de varias secuencias de juegos e interacciones con el niño, los componentes de los dominios cognitivos y socioemocionales que se desarrollan entre los 4 y los 24 meses de edad. El dominio cognitivo se evalúa mediante siete escalas: permanencia de los objetos, relaciones espaciales, medios para alcanzar una meta, causalidad operativa, calidad de la organización de patrones, juegos simbólicos e imagen de sí. El área socio-emocional se examina en nueve escalas: regulación de la conducta, interacciones sociales, atención conjunta, lenguaje expresivo, lenguaje comprensivo, imitación vocal, imitación gestual, relación afectiva y expresión emocional. La evaluación determina el nivel medio global, el nivel medio del dominio cognitivo, el nivel medio del dominio socioemocional y los índices de heterogeneidad en el desarrollo global, cognitivo y socioemocional. Esta herra-

mienta permite medir el desarrollo de los niños y desarrollar un programa de recuperación.

- La EDEI-R (Escala de Eficiencia Intelectual Diferencial - Revisada): esta batería se construyó en torno a la noción de inteligencia categórica y está especialmente adaptada a la evaluación de niños de 3 a 9 años con un funcionamiento cognitivo heterogéneo (M. Perron-Borelli, 1996). Consta de siete pruebas independientes y complementarias: vocabulario, conocimientos, comprensión social, conceptualización, clasificación, análisis categorial y adaptación práctica. Para cada prueba, se obtiene una puntuación estándar similar a un índice de desarrollo.
- La escala Vineland (o escala de comportamiento adaptativo): basada en una entrevista semiestructurada con los padres o con un referente del niño (desarrollada por S. Sparrow; traducida al francés por E. Fombonne, 1995). Evalúa el comportamiento adaptativo en las áreas de socialización, comunicación, autonomía, vida diaria y habilidades motoras. Las preguntas de la escala dependen de la edad del niño y se califican de 0 a 2, según las respuestas obtenidas. Las puntuaciones permiten establecer edades de desarrollo equivalentes en cada ámbito y, por tanto, proporcionan una estimación de las habilidades y el perfil adaptativo de los niños, especialmente para aquellos que no pueden acceder a las situaciones de test.

La evaluación fonoaudiológica

La evaluación fonoaudiológica tiene como objetivo evaluar las habilidades comunicativas verbales y no verbales del niño de una manera precisa. Cuando el niño no tiene lenguaje verbal, el fonoaudiólogo evaluará la capacidad del niño para comunicarse a través del contacto visual, utilizar gestos simbólicos y establecer una atención conjunta en torno a objetos o imágenes. Cuando el lenguaje verbal esté presente, se evaluarán de forma estructurada, si es posible, las funciones habituales del lenguaje: fonología espontánea y repetitiva; léxico en la comprensión y la expresión; sintaxis en la expresión y la comprensión; la prosodia y la pragmática. El fonoaudiólogo determinará qué enfoque es el más adecuado para el niño: por ejemplo, utilizar pictogramas para un niño sin lenguaje o trabajar la comprensión y el uso pragmático del lenguaje para un niño verbal.

La evaluación psicomotriz

La evaluación psicomotriz tiene dos aspectos principales: el examen de las diferentes habilidades psicomotrices según las posibilidades, en el ámbito de la tonicidad, la motricidad gruesa, la motricidad fina, las praxias, las gnosias, el equilibrio, el conocimiento del esquema corporal, la ubicación en el tiempo y en el espacio; la evaluación sensoriomotriz (A. Bullinger) que permite identificar cómo el niño utiliza sus diferentes modalidades sensoriales para organizar su motricidad y su relación con el mundo.

> Todos los elementos nosográficos son discutidos por el equipo y permiten aprehender el diagnóstico expresado según la clasificación internacional de la OMS (CIE-10) y, eventualmente, según otras clasificaciones, como la francesa (CTFMEA) o la americana (DSM-IV).
>
> La evaluación funcional, por su parte, proporciona indicaciones sobre las estrategias de atención que parecen más propicias para movilizar al niño. Lo ideal es que estas recomendaciones se discutan con los terapeutas ya implicados, para poder desarrollar un proyecto común, según las posibilidades locales. Todos los datos recogidos durante la evaluación multidisciplinaria se explican a los padres durante una entrevista en profundidad, lo que les permite comparar sus observaciones con las del equipo, comprender mejor el funcionamiento de su hijo y también entender mejor la patología que presenta el niño y cómo hacerlo progresar según un proyecto individual personalizado.

El diagnóstico etiológico y la búsqueda de patologías asociadas

Paralelamente al diagnóstico nosográfico y funcional, el niño debe someterse a una exploración clínica somática y a ciertas exploraciones complementarias.

Exámenes sensoriales

Deben realizarse exámenes auditivos y visuales de forma rutinaria para descartar o tratar cualquier deficiencia sensorial subyacente a los problemas de comportamiento y desarrollo del niño. Pueden utilizarse métodos convencionales cuando la colaboración con el niño es posible (audiograma, examen clínico de la visión) o investigaciones neurofisiológicas bajo anestesia general (potenciales evocados auditivos y visuales) para comprobar la integridad del sistema neurosensorial.

La consulta neuropediátrica

La consulta neuropediátrica permite explorar las diferentes funciones neurológicas y buscar manifestaciones clínicas a favor de una epilepsia generalizada o parcial, asociada al autismo en el 30% de los casos. También se realiza un examen de los tegumentos (piel y faneras) en busca de manchas de despigmentación evocadoras de ciertas etiologías (esclerósis tuberosa de Bourneville). Esta consulta suele completarse con exámenes complementarios: electroencefalograma de vigilia y de sueño, escáner cerebral o resonancia magnética cerebral con espectroscopia, bajo premedicación o bajo anestesia general según el peso y la edad del niño. Estos exámenes, que son normales en la mayoría de los casos, pueden sin embargo revelar anomalías sintomáticas de una etiología (por ejemplo, deficiencia de creatina en la espectroscopia, ciertas malformaciones cerebrales, secuelas de la prematuridad) o anomalías cerebrales menores.

La consulta genética

La consulta genética permite identificar un posible fenotipo característico de una patología genética previamente identificada, basándose en criterios morfológicos y de desarrollo, y explorar posibles antecedentes genealógicos familiares. Estos datos clínicos se utilizan para orientar nuevas exploraciones genéticas. Algunas son sistemáticas, como la búsqueda de un síndrome de X frágil, la realización de un cariotipo estándar o, más recientemente, un array CGH (cariotipo molecular), la realización de un test metabólico en sangre y orina; otras están guiadas por el diagnóstico clínico o las anomalías morfológicas asociadas (FISH 22q11, 22q13, 15q, etc.).

De la evaluación a la atención

El enfoque de la evaluación se basa en la complementariedad de los enfoques clínico y somático. Permite la objetivación de un diagnóstico nosográfico y funcional, así como la búsqueda de una etiología asociada. Aunque debería facilitarse con el despliegue de los Centros de Recursos para el Autismo en toda Francia, no puede hacerse necesariamente a través de ellos. Su objetivo es facilitar el acceso a la atención adaptada, no retrasarlo al constituir un requisito previo obligatorio para su aplicación. Toda la evaluación etiológica puede llevar mucho tiempo, por lo que se puede desvincular del diagnóstico nosográfico para aplicar el tratamiento necesario lo antes posible.

Anexo 3

Los principales enfoques conductuales, psicoterapéuticos y de rehabilitación[45]

Intervenciones sobre el comportamiento y el desarrollo

Estas intervenciones se basan en la premisa de que las habilidades de comunicación e interacción pueden reeducarse en sesiones iterativas realizadas en un contexto estructurado.

El programa TEACCH (Treatment and Education of Autistic and Related Communication Handicapped Children)

Desarrollado por E. Schopler en 1966, este programa utiliza un enfoque cognitivo-conductual sin estimulación sistemática. Su objetivo es la comodidad del niño y su adaptación al entorno. Se basa en la realización de actividades estructuradas en el tiempo y el espacio, con el uso de ayudas visuales que representan lugares, actividades y personas. El objetivo de este entorno es reducir la afluencia de estímulos susceptibles de favorecer las manifestaciones de angustia y facilitar la comunicación y el aprendizaje mediante el uso del canal visual, privilegiado por los niños autistas (organización horaria visual, uso de pictogramas).

---

45. A. Baghdadli et al. han realizado recientemente una revisión de la literatura.

El método ABA (Applied Behavioral Analysis)

Es un método conductual desarrollado por O. Lovaas en 1967, que utiliza el principio de aprendizaje que opera con el refuerzo positivo. Tras la evaluación funcional inicial, se desarrolla un programa que consiste en secuencias de acciones que se repiten varias horas al día hasta que el niño las adquiere; éstas se van complejizando progresivamente, en una situación de estimulación individual estructurada. Los éxitos se estimulan con recompensas (felicitaciones, golosinas), mientras que los comportamientos inadecuados se ignoran o se corrigen. Los patrones de acción aprendidos por los niños de este modo intentan generalizarse luego en otros contextos. El programa se recomienda generalmente por un período de tres años, con 25 a 40 horas de estimulación por semana y, desafortunadamente, a menudo excluyendo cualquier otro enfoque terapéutico.

Terapia de Intercambio y Desarrollo (TED)

Desarrollada por G. Lelord y C. Barthelemy en Tours, se trata de un abordaje psicoterapéutico y educativo basado en principios neurofisiológicos: asociación sensorial cruzada, adquisición libre e imitación libre. Se basa en una evaluación funcional inicial y en ajustes progresivos. El objetivo es desarrollar las funciones esenciales (atención conjunta, imitación, señalamiento) en sesiones individuales diarias. El desarrollo de la comunicación y la interacción mutua es uno de los puntos principales de este enfoque, que suele combinarse con otros tratamientos, de rehabilitación y educación o psicoterapéuticos.

El método de Denver

Este método combina dos enfoques: el modelo Denver, que existe desde hace unos veinticinco años, y el *pivotal response training* (PRT), que es una terapia conductual. Se basa en una intervención diaria de un adulto para un niño, llevada a cabo por paraprofesionales específicamente formados en este método; se desarrolla en el hogar del niño, con dos sesiones de dos horas por día, cinco días por semana. También se forma a los padres para que apliquen estas estrategias de intervención a diario, por ejemplo, durante el baño, las comidas y el juego.

El método de las 3I (Estimulación Individual, Intensiva e Interactiva) o Asesoramiento y Apoyo Educativo (CSE)

Como su nombre lo indica, se trata de un método individualizado, con el niño a solas con un adulto, en una pequeña habitación dispuesta para que el niño se concentre, evitando el ruido o el exceso de luz, y equipada con una mesa, dos sillas y algunos juegos instalados en altura. Es un método intensivo, ya que implica entre treinta y cuarenta horas por semana, incluyendo fines de semana y vacaciones, durante seis horas diarias, lo que implica una suspensión de la escolarización; según sus partidarios, el éxito de esta reeducación sería el resultado del "stock de horas invertido". Por último, se trata de un método interactivo, ya que la comunicación es el objetivo primordial a través de todas las actividades, y no el aprendizaje de conocimientos. Su aplicación implica a toda una serie de voluntarios, lo que la hace relativamente engorrosa.

Los abordajes psicoterapéuticos

La psicoterapia analítica del niño

La terapia psicoanalítica se basa en el análisis y la interpretación de la transferencia y la contratransferencia. Según D. Houzel (2002), al dilucidar el significado de los síntomas, "permite tener en cuenta los sentimientos suscitados en el entorno, percibir los estados internos del niño, adivinar sus emociones y ayudarlo a entrar en el mundo de la comunicación". En cierto modo, se trata de transformar sus flujos sensoriales en flujos relacionales. Para J. Hochmann (2009), el objetivo de esta psicoterapia analítica es abrir al niño autista a la relación con el otro y consigo mismo para "permitirle construir gradualmente su capacidad de representación y reinvestir su aparato psíquico".

Este trabajo se focaliza en la comprensión del funcionamiento psíquico del niño, a partir del postulado de que el paciente se defiende de las angustias arcaicas y de que la contratransferencia del analista tiene un valor organizador para el psiquismo del paciente. Puede establecerse según varias modalidades: terapias individuales con un ritmo de dos a cuatro sesiones semanales; grupos terapéuticos; terapia madre-hijo; intervenciones a domicilio; psicodrama analítico; etc.

La psicoterapia analítica es, por supuesto, complementaria de otras modalidades de atención, educativas y reeducativas. Cabe destacar los grupos terapéuticos desarrollados por G. Haag y S. Urwand (1989) bajo los términos de "grupos-análisis": particularmente útiles para los niños muy pequeños, estos grupos les permiten, por su doble función de contención y de regulación, retrabajar sus envoltorios corporales y psíquicos (E. Bick, 1968) en gran dificultad, a través de la dinámica de las envolturas grupales.

La terapia a traves del juego (o floortime)

Desarrollada por S. I. Greenspan et al. (2008), es una técnica que, aunque se centra en el comportamiento del niño, deja mucho espacio para compartir emociones entre el niño y el terapeuta, especialmente durante el juego en la alfombra, de ahí el nombre de *floortime*. En Estados Unidos, los partidarios del método *floortime* y los del método ABA están actualmente en una guerra de influencias... ¡sin piedad!

Las terapias psicomotrices

Inspiradas por los trabajos y las investigaciones de A. Bullinger (2004), estos tratamientos se basan en la observación de que los autistas privilegian el procesamiento de los flujos sensoriales mediante sistemas arcaicos. Según F. Joly, se trata durante las sesiones de fomentar el despliegue de una "motricidad lúdica en la relación". Este enfoque pretende obtener una mejor investidura corporal, el desarrollo de procesos de ligazón y de mentalización y la mejora de las potencialidades de simbolización y comunicación. La ponen en práctica los psicomotricistas, ya sea en instituciones o en consultorios privados.

La delicada cuestión de ayudar a los padres

No se trata en absoluto de "tratar" a los padres creyendo que son responsables del autismo de su hijo; se trata de ayudarlos a soportar el sufrimiento ligado a la presencia de un niño autista con ellos y de ayudarles a adaptarse lo mejor posible a su evolución, que puede ser fuente de nuevas dificultades. Se pueden proponer diferentes espacios de trabajo, individuales o familiares (ver p. 139).

Los abordajes reeducativos

La reeducación del lenguaje y de la comunicación

- El PECS (Picture Exchange Communication System): creado en 1985 por A. Bondy y L. Frost, este programa está destinado a los autistas o a cualquier persona que tenga dificultades para expresarse oralmente. Se trata de un método de aprendizaje de la comunicación alternativa aumentativa, generalmente aplicado por fonoaudiólogos, en varias sesiones semanales. Sus objetivos son ayudar al niño a "aprender" las funciones de la comunicación, a iniciar una interacción comunicativa espontánea y a progresar en el desarrollo del lenguaje. Este trabajo se basa en el uso de pictogramas, siguiendo siete pasos, desde la realización de un intercambio de imágenes con asistencia física hasta la construcción de frases. Por lo tanto, se dirige a los niños sin lenguaje y pretende desarrollar una comunicación primero no verbal y luego verbal. Se estimula a los padres a formarse en esta técnica para permitir la generalización de las adquisiciones.
- El Makaton es un sistema de comunicación multimodal aumentado diseñado por los fonoaudiólogos M. Walker, K. Johnston y T. Cowfith inicialmente para adultos con pérdida de audición. Sus objetivos son promover el desarrollo del lenguaje oral combinando varios canales de comunicación: los signos (utilizando la lengua de signos francesa), los símbolos (o pic-

togramas) y las producciones verbales. Este enfoque se dirige a la adquisición de un vocabulario funcional adaptado a las necesidades de cada sujeto. Esta técnica reeducativa, generalmente aplicada por los fonoaudiólogos, también puede ser desplegada por los padres cotidianamente.

La reeducacion psicomotriz (individual o en grupo)

Además de las terapias psicomotrices comentadas anteriormente (ver p. 173), algunas técnicas de reeducación psicomotriz diseñadas específicamente para niños con autismo pueden ser útiles, especialmente en niños pequeños. Sin embargo, deben ser llevadas a cabo por profesionales que conozcan bien la patología autista y que hayan recibido una formación especial. El objetivo es trabajar con el niño para integrar y unificar mejor su yo corporal, especialmente a nivel de los puntos de unión del cuerpo (G. Haag, 1991). Podemos citar, en particular, el método creado por B. Padovan bajo el nombre de reorganización neurofuncional (NFR), del que se habla mucho, pero que no cuenta con la aprobación de todos los psicomotricistas.

Los tratamientos farmacológicos

Se trata de tratamientos sintomáticos que pretenden reducir la intensidad de determinados síntomas asociados al autismo: manifestaciones de angustia importantes, gran agitación, auto o heteroagresividad, trastornos del sueño, etc. Estos tratamientos no tienen, por supuesto, una acción curativa sobre el autismo como tal, pero sí una acción sintomática sobre algunas de las dificultades más molestas del cuadro autista en la vida cotidiana. Nunca se prescriben como primera intención, sino que se asocian sistemáticamente a otros tratamientos y deben evaluarse los beneficios y los riesgos.

Los tratamientos más utilizados en la actualidad son: la risperidona, un antipsicótico utilizado en dosis bajas (de 0,25 a 2 miligramos) para reducir problemas de comportamiento como la angustia o la agitación; la melatonina en una preparación magistral (de 1 a 4 miligramos) para el tratamiento de trastornos del sueño como la dificultad para conciliarlo; los antidepresivos serotoninérgicos para la reducción de los comportamientos repetitivos; por último, los psicoestimulantes anfetamínicos para el tratamiento de la hiperactividad y los trastornos de la atención a veces asociados al autismo y a los trastornos generalizados del desarrollo.

Las estructuras de atención

Hay una variedad de estructuras que pueden implementar un programa de atención para un niño con un Trastorno Generalizado del Desarrollo. Se distingue entre estructuras de atención ambulatoria y estructuras institucionales.

La atención ambulatoria

La atención ambulatoria puede ser llevada a cabo por profesionales en privado, fonoaudiólogos o psiquiatras, cuyas sesiones tienen el reintegro de la Seguridad Social, pero también por psicomotricistas y psicólogos conductuales o psicoanalistas cuyo trabajo no tiene reintegro. También pueden realizarse en estructuras asistenciales como los CAMSP (centros de acción médica y social temprana) para niños de 0 a 6 años, los CMPP (centros médico-psico-pedagógicos) y los CMP (centros médico-psicológicos[46]) para niños de 0 a 16 años. Sin embargo, estos centros no están especializados en el tratamiento del autismo, y la gama de tratamientos que ofrecen es a veces limitada en cuanto a la especificidad y la frecuencia. Algunos SESSAD especializados (servicios de educación especial y atención domiciliaria), cuyo acceso está condicionado a la derivación del MDPH (hogar departamental para personas discapacitadas adscrito al sistema de Educación Nacional), ofrecen una atención semanal y más orientada al autismo.

La atención institucional

La atención también puede ser proporcionada por una serie de organismos institucionales.

46. Los CPM corresponden a lo que también se conoce como "dispensarios" de sector de psiquiatría infantil y juvenil.

- Hospitales de día: son establecimientos sanitarios dirigidos por psiquiatras, que ofrecen una atención multidisciplinaria a tiempo parcial o completo, integrando, en mayor o menor medida, actividades terapéuticas en pequeños grupos, atención reeducativa o terapéutica individual y, en ocasiones, una cierta escolarización. El funcionamiento institucional de estas estructuras varía de un hospital de día a otro. La mayoría de ellos, son de inspiración psicoanalítica.
  Los pacientes ingresados presentan una diversidad de patologías, que van desde el autismo *stricto sensu* hasta otros trastornos graves de la personalidad. Actualmente son muy criticados por las familias, pero podrían haber seguido siendo una herramienta terapéutica, educativa y reeducativa multidisciplinaria muy valiosa, y han desempeñado un papel importante en la historia de la atención de los niños autistas al ofrecer un lugar único con diferentes tipos de ayuda (ver p. 67). En la actualidad, su imagen está más que empañada, aunque estas estructuras, algunas de ellas notables, siguen atendiendo a un número importante de niños autistas en Francia, sobre todo a los que están demasiado perturbados para ser tratados como pacientes ambulatorios.
- Los IME (institutos médico-educativos), los EMP (externados médico-pedagógicos) y los IMPRO (institutos médico-profesionales): son estructuras médico-sociales, en ambulatorio y, más raramente, en internados, que ofrecen una atención multidisciplinaria, generalmente a tiempo completo y centrada en el proyecto educativo. Estos centros suelen recibir pacientes mayores de 6 años que presentan una discapacidad intelectual; algunos están más especializados que otros en el ámbito del autismo. Los IMPRO reciben pacientes mayores de 14 años e integran objetivos de formación profesional con vistas a su posterior integración en un entorno regular o protegido.

La escolaridad

Desde la ley de 2005, todos los niños, independientemente de su discapacidad, pueden, deben y deberían ser admitidos en la escuela. Ya he expuesto mi posición sobre este tema (véase p.

123). Las modalidades de esta escolarización deben adaptarse a las capacidades del niño.

La escolarización de un niño con autismo puede realizarse de varias maneras:

- La integración en un ciclo escolar normal implica la puesta en marcha de un proyecto personalizado de éxito escolar (PPS) que puede incluir la adaptación del horario en función de los tratamientos, la ayuda de un asistente de vida escolar –maestro integrador– (AVS) o adaptaciones pedagógicas específicas.
- Las CLIS (clases de intégración escolar) son clases de tamaño reducido, con un máximo de 12 niños de 6 a 12 años, con un maestro especializado y un asistente de vida comunitaria. El proyecto pedagógico es individualizado y tiene como objetivo el aprendizaje fundamental al ritmo del niño. Al menos una vez al año se organizan reuniones de concertación entre el equipo educativo y el equipo terapéutico.

Las medidas psicosociales

La atención y la escolarización de los niños deben favorecerse con medidas de acompañamiento social, como la atención de larga duración (ADL), reintegrada al 100% por la Seguridad Social, o la asignación de un Subsidio de Educación para Niños Discapacitados (AEEH) por parte del MDPH (Hogar Departamental de Discapacitados adscrito al Departamento Nacional de Educación), destinado a apoyar económicamente a los padres en la realización del proyecto educativo y terapéutico de su hijo, en función del nivel de discapacidad y de las consecuencias de ésta en el funcionamiento de la familia.

Las asociaciones de padres

Las asociaciones de padres y, más recientemente, las asociaciones de pacientes con autismo desempeñan un papel muy importante en el apoyo a las familias, la creación de estructuras especializadas y la definición de la política asistencial. Hay un gran número de asociaciones, las más importantes actualmente son Autisme France y Sésame Autisme.

Anexo 4
El comunicado de la CIPPA con motivo del Día Nacional del Autismo

"La CIPPA desea reafirmar los siguientes principios:

- El CIPPA se desmarca absolutamente de la visión caricaturesca que se ha dado en los últimos meses de un psicoanálisis culpabilizante de los padres del autismo y de los trastornos del desarrollo, al reafirmar su visión de la etiología polifactorial de estos trastornos tan dolorosos.
- El CIPPA se sitúa decididamente al lado de los padres para afirmar la necesidad de la escolarización de los niños autistas, de acuerdo con la ley de 2005, y para pedir al Estado que asuma sus responsabilidades en materia de formación especializada de los maestros y de los auxiliares de la vida escolar, que es la única formación que permitirá la aplicación efectiva de la ley de 2005.
- El CIPPA reafirma su opinión de que es esencial la atención multidimensional de los niños autistas, combinando -sobre la base de una escolarización adecuada- medidas de apoyo conjuntas en los tres ámbitos de la educación, la rehabilitación y el tratamiento psíquico.
- El CIPPA recuerda su participación activa en la búsqueda de puntos de convergencia entre los datos actuales de las ciencias cognitivas, las neurociencias (en particular la neuroimagen) y la genética, con los hallazgos de la reflexión psicopatológica y psicoanalítica basados en la acumulación de observaciones clínicas.

- El CIPPA subraya la necesidad de una atención psíquica para los niños autistas en las condiciones mencionadas anteriormente, una atención psíquica que no se refiere a ninguna perspectiva causal, que nunca puede ser prescrita de forma exclusiva, y que tiene como objetivo ayudar a los niños autistas a poner palabras a sus emociones, a dar sentido a sus comportamientos atípicos, a unificar la representación de su imagen corporal y a ayudarlos a comprender que el otro existe y que no es un peligro para ellos.
- Por último, el CIPPA recuerda sus esfuerzos actuales para validar los efectos de los enfoques terapéuticos, en particular en el marco de la red de evaluación de las prácticas psicoterapéuticas creada bajo los auspicios del Inserm y de la Federación Francesa de Psiquiatría.

Estas diferentes propuestas pretenden recordar que ser autista no corresponde únicamente a una forma particular de inteligencia, que ser autista es una fuente de sufrimiento y que la salida progresiva del funcionamiento autista requiere un trabajo largo y bien articulado, durante muchos años, entre padres y profesionales".

Referencias bibliográficas

ABRAHAM, N. et TOROK, M., «Introjecter-Incorporer. Deuil ou mélancolie», Nouvelle revue de psychanalyse, 1972, 6, pp. 111-122.

ABRAHAM, N. et TOROK, M., L'Écorce et le Noyau, Aubier-Montaigne, 1978.

ADRIEN, J.-L., ROSSIGNOL-DELETANG, N., MARTINEAU, J., COUTURIER, G. et BARTHELEMY, C., «Regulation of cognitive activity and early communication development in young autistic, mentally retarded, and young normal children», Dev. Psychobiol., 2001, 39 (2), pp. 124-136.

de AJURIAGUERRA, J., Manuel de psychiatrie de l'enfant, Masson, 1970. A.

ALVAREZ, Live Company, Routledge, 1992; trad. fr.: Une présence bien vivante. Le travail de psychothérapie psychanalytique avec les enfants autistes, borderline, abusés, en grande carence affective, Éditions du Hublot/Regards sur les sciences humaines, «Tavistock clinic», 1997.

ANSERMET, F. et MAGISTRETTI, P., À chacun son cerveau. Plasticité neuronale et inconscient, Odile Jacob, 2004.

ANSERMET, F. et GIACOBINO, A., Autisme. À chacun son génome, Navarin/Le champ freudien, «Cahiers de l'autisme», 2012.

AUSTIN, J. L., Quand dire, c'est faire, Seuil, «L'ordre philosophique», 1970.

BAGHDADLI, A., NOYER, M. et AUSSILLOUX, C., «Interventions éducatives, pédagogiques, et thérapeutiques proposées dans l'autisme: une revue de la littérature», ministère de la Santé et des Solidarités, Direction générale de l'action sociale, juin 2007.

BARTHELEMY, C., HAMEURY, L. et LELORD, G., L'Autisme de l'enfant, la thérapie d'échange et de développement, Elsevier, 1995.

BARTHELEMY, C., ROUX, S., ADRIEN, J.-L., HAMEURY, L., GUERIN, P., GARREAU, B., FERMANIAN, J. et LELORD, G., «Vali- dation of the revised behavior summarized evaluation scale», J. Autism Dev. Disord., 1997, 27 (2), pp. 139-153.

BICK, E., «Notes on infant observation in psychoanalytic training», Int. J. Psychoanal., 1964, 45, pp. 558-566; trad. fr. par D. Alcorn, «Remarques sur l'observation des bébés dans la formation des analystes», Journal de la psychanalyse de l'enfant, 1992, 12, pp. 14-35. BICK, «The experience of the skin in early object-relations», Int. J. Psycho-Anal., 1968, 49, pp. 484-486; trad. fr. par G. Haag et coll., «L'expérience de la peau dans les relations d'objet pré- coces», in D. Meltzer et coll., Explorations dans le monde de l'autisme, Payot, 2002, pp. 240-244.

BION, W. R. [1962], Aux sources de l'expérience, PUF, «Bibliothèque de psychanalyse», 1979 (1re éd.).

BION, W. R. [1963], Éléments de psychanalyse, PUF, «Bibliothèque de psychanalyse», 1979 (1re éd.).

BION, W. R. [1965], Transformations. Passage de l'apprentissage à la croissance, PUF, «Bibliothèque de psychanalyse», 1982 (1re éd.).

BODDAERT, N., CHABANE, N., GERVAIS, H., GOOD, C.D., BOURGEOIS, M., PLUMET, M.-H., BARTHELEMY, C., MOUREN, M.-C., ARTIGES, E., SAMSON, Y., BRUNELLE, F., FRACKOWIAK, R.S.J. et ZILBOVICIUS, M., «Superior temporal sulcus anatomical abnormalities in childhood autism: A voxel-based morphometry MRI study», NeuroImage, 2004, 23, pp. 364-369.

BOWLBY, J., Attachement et perte, PUF, «Le fil rouge», 1978 et 1984, 3 vol. (1res éd.).

BRUNER, J. S., Le Développement de l'enfant : savoir faire, savoir dire, PUF, «Psychologie d'aujourd'hui», 1983 (1re éd.).

BRUNER, J. S., Comment les enfants apprennent à parler, Retz, «Actualité pédagogique», 1987.

BULLINGER, A., Le Développement sensori-moteur de l'enfant et ses avatars, Érès, 2004.

BURSZTEJN, C., GOLSE, B. et HOUZEL, D., «Histoire d'un refus», La Psychiatrie de l'enfant, 2003, XLVI, 2, pp. 357-358.

BUZZATI, D., Le Désert des Tartares, Robert Laffont, 1949.

CANGUILHEM, G., Le Normal et le Pathologique, PUF, 1975.

CAREL, A., «Les signes précoces de l'autisme et de l'évitement relationnel du nourrisson», in Les Bébés à risque autistique, Érès, 2008.

CICCONE, A. et MELLIER, D. (dir.), Le Bébé et le Temps, Dunod, «Inconscient et culture», 2007.

CHAMAK, B., «Les associations de parents d'enfants autistes: de nouvelles orientations», Médecine/Sciences, 2008, 24, pp. 768-770.

COURTOIS du PASSAGE, N. et GALLOUX, N., «Bilan orthophonique chez l'enfant atteint d'autisme: Aspects formels et pragmatiques du langage», Neuropsychiatrie de l'enfance et de l'adolescence, 2004, 52, pp. 478-489.

CRANDELL, L. E., PATRICK, M. P. H. et HOBSON, R. P., «Still-face interactions between mothers with border-line personality disorder and their 2-month-old infants», British Journal of Psychiatry, 2003, 183, pp. 239-247.

CYRULNIK, B., Les Vilains Petits Canards, Odile Jacob, 2001.

DOLTO, F., Tout est langage, Vertiges du Nord/Carrère, 1987.

ECO, U., La Production des signes, Le Livre de Poche, 1992.

FOMBONNE, E., «L'autisme, une épidémie?», Inserm-Actualités, 2006, 199, pp. 4-6.

FOMBONNE, E., ACHARD, S. et TUFFREAU, R., «L'évaluation du comportement adaptatif: L'échelle de Vineland», Handicaps et inadaptations, 1995, n° 67-68, pp. 79-90.

FREUD, S. [1915-1917], «Point de vue du développement et de la régression – Étiologie» et «Les modes de formation de symptômes», in Introduction à la psychanalyse, Payot, «Petite Biblio- thèque Payot», 1982, pp. 319-336 et 337-355.

FREUD, S. [1926], Inhibition, symptôme et angoisse, PUF, «Biblio- thèque de psychanalyse», 1975 (5e éd.).

FRIEMEL, E. et TRANH-HUONG, N., «Exploration et interaction mère/bébé: du visage à l'objet», La Psychiatrie de l'enfant, 2004, XLVII, 2, pp. 589-609.

FRITH, U., L'Énigme de l'autisme, Odile Jacob, 1992.

GAMMILL, J., À partir de Melanie Klein, Césura, 1998.

GESELL, A. et al., Gesell Developmental Schedules, Psychological Corporation, 1949.

GOLSE, B., «Avec les parents d'enfants autistes. Une aussi longue histoire...», Enfances & PSY, 2003, 21, pp. 99-104.

GOLSE, B., «Autisme infantile: Dépistage et prévention», La Psychiatrie de l'enfant, 2003, XLVI, 2, pp. 381-394.

GOLSE, B., L'Être-Bébé. Les questions du bébé à la théorie de l'attachement, à la psychanalyse et à la phénoménologie, PUF, «Le fil rouge», 2006.

GOLSE, B., «Dépressions du bébé. Points de vue psychopathologique et psychanalytique», EMC, Psychiatrie/Pédopsychiatrie, 37-201-A-10, 2011.

GOLSE, B., «À propos du concept de neuro-psychanalyse», Adolescence, 2011, 29, 3, pp. 467-477.

GOLSE, B., «Entre neurosciences et psychanalyse. Un dialogue enfin possible et qui pourtant dérange...», Adolescence, 2012, 30, 2, pp. 269-285.

GOLSE, B. et DELION, P., «Introduction», dossier «Autisme: état des lieux et horizons», Le Carnet-PSY, 2002, 75, pp. 13-14.

GOLSE, B. et DELION, P., «Problématiques actuelles», Le Carnet-PSY, 2002, 75, pp. 14-20.

GOLSE, B. et ROBEL, L., «Pour une approche intégrative de l'autisme: Le lobe temporal supérieur entre neurosciences et psychanalyse», Bull. Acad. nat. méd., 2009, n° 2, pp. 307-313.

GOLSE, B. et ROUSSILLON, R., La Naissance de l'objet. Une coconstruction entre le futur sujet et ses objets à venir, PUF, «Le fil rouge», 2010.

GOTHAM, K., RISI, S., PICKLES, A. et LORD, C., «The autisme diagnostic observation schedule : Revised algorythms for improved diagnostic validity», J. Autism Dev. Disord., 2007, 37 (4), pp. 613-627.

GRANDIN, T., Ma vie d'autiste, Odile Jacob, 1986.

GREENSPAN, S. I., BRAZELTON, T. B., CORDERO, J., SOLOMON, R., BAUMAN, M. L., ROBINSON, R., SHANKER, S. et BREINBAUER, C., «Guidelines for early identification, screening, and clinical management of children with autism spectrum disorders», Pediatrics, 2008, 121 (4), pp. 828-830.

HAAG, G., «La mère et le bébé dans les deux moitiés du corps», Neuropsychiatrie de l'enfance et de l'adolescence, 1985, 33, 2-3, pp. 107-114.

HAAG, G., «Nature de quelques identifications dans l'image du corps. Hypothèses», Journal de la psychanalyse de l'enfant, 1991, 10, pp. 73-92.

HAAG, G., «L'expérience sensorielle, fondement de l'affect et de la pensée», in L'Expérience sensorielle de l'enfance, Cahiers du COR, 1992.

HAAG, G., «Hypothèse d'une structure radiaire de contenance et ses transformations», in Les Contenants de pensée, Dunod, «Inconscient et culture», 1993, pp. 41-59.

HAAG, G., «Le moi corporel entre dépression primaire et dépression mélancolique», Revue française de psychanalyse, 2004, LXVIII, 4, pp. 1133-1151.

HAAG, G., FERREY, M.-C., SERINGE, H. et URWAND, S., «Processus groupal et enveloppes psychiques au travers de psychanalyses groupales avec des enfants psychotiques et déficitaires», in Les Psychothérapies de groupes d'enfants au regard de la psychanalyse, Clancier-Guénaud, 1989, pp. 71-93.

HAAG, G., TORDJMAN, S., DUPRAT, A., CUKIERMAN, A., DRUON, C., JARDIN, F., MAUFRAS du CHATELLIER, A., TRICAUD, J. et URWAND, S., «Grille de repérage clinique des étapes évolutives de l'autisme infantile traité», La Psychiatrie de l'enfant, 1995, 38, 2, pp. 495-527.

HOCHMANN, J., «L'autisme infantile: déficit ou défense?», in P.-J. PARQUET, C. BURSZTEJN et B. GOLSE, Soigner, éduquer l'enfant autiste?, Masson, «Médecine et psychothérapie», 1990, pp. 33-55.

HOCHMANN, J., «Soin institutionnel aux enfants et aux adolescents souffrant de troubles graves et précoces du développement (autismes et psychoses de l'enfance)», Encycl. méd. chir. psy., 2009, 37-210-A-10.

HOCHMANN, J., Histoire de l'autisme, Odile Jacob, 2009.

HOCHMANN, J. et JEANNEROD, M., Esprit, où es-tu? Psychanalyse et neurosciences, Odile Jacob, 1991.

HOUZEL, D., «Penser les bébés. Réflexions sur l'observation des nourrissons», Revue de médecine psychosomatique, 1989, 19, pp. 27-38.

HOUZEL, D., L'Aube de la vie psychique. Études psychanalytiques, ESF, «La vie de l'enfant», 2002.

JACOB, F., La Logique du vivant. Une histoire de l'hérédité, Gallimard, «Bibliothèque des sciences humaines», 1970.

KANNER, L., «Autistic disturbances of affective contact», Nervous Child, 1942-1943, 3, 2, pp. 217-230; trad. fr. in G. BERQUEZ, L'Autisme infantile. Introduction à une clinique relationnelle selon Kanner, PUF, «Le fil rouge», 1983 (1re éd.), pp. 217-264.

KLEIN, S., «Autistic phenomena in neurotic patients», International Journal of Psychoanalysis, 1980, 61, pp. 395-401.

KRISTEVA, J., Soleil noir. Dépression et mélancolie, Gallimard, 1987.

LAZNIK-PENOT, M.-C., «Discussion critique du CHAT (Test pour le dépistage de l'autisme chez les enfants de moins de 18 mois)», Bulletin du Groupe WAIMH-Francophone, 1999, 6, 1, pp. 14-15.

LEBOVICI, S., Le Bébé, le Psychanalyste et la Métaphore (préface de B. GOLSE), Odile Jacob, 2002.

LECHEVALIER, B., Traitement psychanalytique mère-enfant. Une approche au long cours des psychoses de l'enfant, préface de B. Golse, In Press, 2004.

LORD, C., RUTTER, M. et Le COUTEUR, A., «Autism diagnostic interview-revised: A revised version of a diagnostic interview for caregivers of individuals with possible pervasive developmental disorders», J. Autism Dev. Disord., 1994, 2, pp. 659-685.

LOVAAS, O., «Behavioral treatment and normal educational and intellectual functioning in young autistic children», J. Consult. Clin. Psychol., 1987, 55 (1), pp. 3-9.

McDONOUGH, S. C., «Interaction guidance: Understanding and treating early infant care-giver relationship disorders», in C. ZEANAH (éd.), Handbook of Infant Mental Health, Guilford Press, 1993, pp. 414-426.

MAESTRO, S., MURATORI, F., CAVALLARO, M. C., PEI, F., STERN, D., GOLSE, B. et PALACIO-ESPASA, F., «Attentional skills during the first 6 month of age in autism spectrum disorder», J. Am. Acad. Child. Adolesc. Psychiatry, 2002, 41, 10, pp. 1-6.

MAESTRO, S., MURATORI, F., CAVALLARO, M.C., PECINI, C., CESARI, A., PAZIENTE, A., STERN, D., GOLSE, B. et PALACIO-ESPASA, F., «How young children treat objects and people: An empirical study of the first year of life autism», Child Psychiatry and Human Development, 2005, 35, 4, pp. 383-396.

MAIELLO, S., «L'objet sonore – Hypothèse d'une mémoire auditiveprénatale», Journal de la psychanalyse de l'enfant, 1991, 20 («Le corps»), pp. 40-66.

MELTZER, D. et al., Explorations dans le monde de l'autisme, Payot, 1980.

MILNER, M., L'Inconscient et la Peinture, PUF, «Le fil rouge», 1976 (1re éd.).

MILNER, M., «Le rôle de l'illusion dans la formation du symbole. Les concepts psychanalytiques sur les deux fonctions du symbole», Journal de la psychanalyse de l'enfant, 1990, 8 («Rêves, jeux, dessins»), pp. 244-278.

MOTTRON, L., L'Autisme: une autre intelligence, Mardaga, 2004.

MURRAY, L., «The impact of postnatal depression on infant development», Journal of Child Psychology and Psychiatry, 1992, 8, 1, pp. 37-55.

OUSS, L., GOLSE, B., GEORGIEFF, N. et WIDLÖCHER, D. (dir.), Vers une neuropsychanalyse?, Odile Jacob, 2009.

OUSS-RYNGAERT, L. et GOLSE, B., «Linking neuroscience and psychoanalysis from a developmental perspective: why and how?», Journal of Physiology, 2010, 104, pp. 303-308.

PERRON-BORELLI, EDEI-R, M., Échelles différentielles d'efficience intellectuelle-forme révisée, ECPA, 1996.

POIZAT, M., L'Opéra ou le Cri de l'ange. Essai sur la jouissance de l'amateur d'Opéra, A.-M. Métailié, 1986.

PONTALIS, J.-B., L'Amour des commencements, Gallimard, «NRF», 1986.

QUINODOZ, J.-M., La Solitude apprivoisée, PUF, «Le fait psychana-lytique», 1991 (1re éd.).

RIZZOLATTI, G. et SINIGAGLIA, C., Les Neurones Miroirs, Odile Jacob, 2008.

ROSOLATO, G., «L'oscillation métaphoro-métonymique», in La Relation d'inconnu, Gallimard, «Connaissance de l'inconscient», 1978, pp. 52-80.

ROSOLATO, G., «La haine de la musique», in collectif, Psychanalyse et musique, Les Belles Lettres, 1982, pp. 153-177.

ROUSSILLON, R., «Le psychanalyste et les situations extrêmes de la subjectivité», in P. Gutton (dir.), Raconter avec Jacques Hochmann, GREUPP, 2002, pp. 273-286.

SCHOPLER, E., Profil psycho-éducatif (PEP-R): Évaluation et intervention individualisée pour enfants autistes ou présentant des troubles du développement, De Boeck, 1994.

SCHOPLER, E., LANSING, M. D., REICHLER, R. J. et MARCUS, L. M., PEP-3. Profil Psycho-éducatif. Évaluation psycho-éducative indivi-dualisée de la Division TEACCH pour enfants présentant des troubles du spectre de l'autisme, De Boeck, 2008.

SEARLES, H., Le Contre-Transfert, Gallimard, «Connaissance de l'inconscient», 1979.

SHEA, V., «Revue commentée des articles consacrés à la méthode ABA», La Psychiatrie de l'enfant, 2009, LII, 1, pp. 273-299.

SIMAS, R. et GOLSE, B., «Empathie(s) et intersubjectivité(s). Quelques réflexions autour de leur développement et de leurs aléas», Psychiatrie de l'enfant, 2008, LI, 2, pp. 339-356.

SOULÉ, M. «Essai de compréhension de la mère d'un enfant autiste par l'étude des mécanismes défensifs et des processus pathogènes ou "L'enfant qui venait du froid"», in Mère mortifère, mère meurtrière, mère mortifiée, ESF, «La vie de l'enfant», 1980 (3e éd.), pp. 79-109.

SPITZ, R., De la naissance à la parole. La première année de la vie, PUF, «Bibliothèque de psychanalyse», 1979 (6e éd.).

STERN, D. N., Le Monde interpersonnel du nourrisson. Une perspective psychanalytique et développementale, PUF, «Le fil rouge», 1989 (1re éd.).

STRERI, A., Voir, atteindre, toucher, PUF, «Le psychologue», 1991.

STRERI, A., Toucher pour connaître, PUF, «Psychologie et sciences de la pensée», 2000.

TREVARTHEN, C. et AITKEN, K. J., «Intersubjectivité chez le nourrisson: recherche, théorie et application clinique», Devenir, 2003, 15, 4, pp. 309-428.

TRONICK, E., ALS, H., ADAMSON, L., WISE, S. et BRAZELTON, T. B., «The infant's response to entrapment between contradictory messages in face to face interaction», J. Amer. Academy Child Psy-chiatr., 1978, 17, pp. 1-13.

TUSTIN, F., Autisme et psychose de l'enfant, Seuil, «Points», 1977 et 1982.

TUSTIN, F., Les États autistiques chez l'enfant, Seuil, 1986.

TUSTIN, F., Le Trou noir de la psyché. Barrières autistiques chez les névrosés, Seuil, «La couleur des idées», 1989.

TUSTIN, F., Autisme et protection, Seuil, «La couleur des idées», 1992.

VAUTRIN, J., La Vie Ripolin, Éditions Mazarine, 1998.

WALLON, H. [1945], Les Origines de la pensée chez l'enfant, PUF, «Psychologie d'aujourd'hui», 1975 (4e éd.).

WINNICOTT, D. W. [1958], De la pédiatrie à la psychanalyse, Payot, «Petite bibliothèque», 1969.

WINNICOTT, D. W. [1965], Processus de maturation chez l'enfant, Payot, «Petite bibliothèque», 1974.

WINNICOTT, D. W. [1969], Jeu et réalité. L'espace potentiel, Gallimard, «Connaissance de l'inconscient», 1975 (1re éd.).

WINNICOTT, D. W., La Nature humaine, Gallimard, «Connaissance de l'inconscient», 1988 et 1990.

Para consultar también

GOLSE, B., ROBEL, L. et OUSS, L. (dir.), «L'autisme et les troubles envahissants du développement aujourd'hui», Médecine thérapeutique pédiatrie (revue thématique), 2012, nº 3.

GOLSE, B. (dir.), «Autisme infantile», dossier rassemblant une dizaine de contributions, Le Concours médical, 2012, 1, pp. 17-37.

MISES, R. et QUEMADA, N., Classification française des troubles mentaux de l'enfant et de l'adolescent-R-2000, CTNERHI Éditions, 2002.

AMERICAN PSYCHIATRIC ASSOCIATION, Diagnostic and Statistical Manual of Mental Disorders, fourth edition, text revision (DSM IV-TR), American Psychiatric Press, 1994.

HAUTE AUTORITÉ DE SANTÉ, www.has-sante.fr/portail/upload/docs/application/pdf/autisme_rap.pdf.

http://www.has-sante.fr/portail/jcms/c_953959/autisme-et-autres-troubles-envahissants-du-developpement-interventions-educatives-et-therapeutiques-coordonnees-chez-lenfant-et- ladolescent.

ORGANISATION MONDIALE DE LA SANTÉ, Classification internationale des troubles mentaux et des troubles du comportement: descriptions cliniques et directives pour le diagnostic (CIM-10), Masson, 1993.

www.ingramcontent.com/pod-product-compliance
Ingram Content Group UK Ltd.
Pitfield, Milton Keynes, MK11 3LW, UK
UKHW041638190726
13854UKWH00006B/2562